상세한 소개가 필요한 경우도 있지만 간명한 소개가 유용할 때도 있다. 특히 성경 본문을 읽기 위한 사전 준비로는 더욱 그렇다. 그런 점에서 저자들의 방대한 개론서를 정리한 「손에 잡히는 신약 개론」은 원래의 책만큼이나 유용하다. 긴요한 서론적 물음을 골고루 다루면서도 특히 성경의 내용과 그 실천적 의미에 초점을 맞춘 이 책은 그 자체로 본문 공부를 위한 훌륭한 예비 자료 역할을 한다. 충실한 복음주의 전통에 서 있기 때문에, 신학도뿐 아니라 성경을 사랑하는 모든 성도에게도 멋진 참고서가 될 것이다. 더 자세히 알고 싶은 독자들은 완역판에서 상세한 정보를 얻을 수 있다는 것도 장점이다. 그리스도인들의 성숙한 말씀 이해를 돕는 데 이 책이 널리 활용되기를 기대한다.

권연경(숭실대학교 기독교학과 교수)

오늘날 성도들은 성경 속에 있는 진리를 맛보기보다 분주한 삶에 마음을 빼앗기고 있다. 성도들로 하여금 성경의 사람으로 살도록 안내하는 일은 한국 교회가 해결해야 할 시급한 과제다. 오랫동안 선교단체와 교회에서 성경을 가르치면서, 부담 없는 분량에 꼭 필요한 내용을 담은 간결하고 명쾌한 성경 안내서가 없을까 고민했는데, 이 책이 출간되어 무척 반갑다. 한국 교회의 성도들이 이 책과 함께 성경의 세계로 들어가, 성경의 사람으로 살아가길 소원한다.

문태언(제자들교회 담임목사)

신약 연구에 입문하려는 독자에게 이 책처럼 간단명료하면서도 친절하게 지름길로 인도하는 책은 많지 않다. 이 책은 독자들이 성경의 광대한 사막을 방황하는 시간을 줄이고 단시일 내에 오아시스를 찾아내게 하는 비밀 지도 같은 책이다. 많은 학설들을 소개하는 데 그치지 않고, 자신의 주장을 책임 있게 피력하는 것도 이 책의 장점이다. 신학도와 목회자뿐 아니라 성경을 진지하게 연구하려는 모든 성도에게 이 책은 간명한 약도와 정확한 나침반이 될 것이다.

신현우(총신대학교 신학대학원 교수)

본서는 하나님의 말씀인 성경을 올바르게 이해하는 데 필요한 가장 기본적인 질문들에 균형 있는 답을 제공함으로써, 독자들에게 신약을 읽고 해석하기 위한 든든한 기초와 울타리를 세워 준다. 「손에 잡히는 신약 개론」은 신약성경 27권 전반에 대한 기본적이고 균형 잡힌 이해를 갖기 원하는 독자들이 지금까지 찾아왔던 '바로 그 책'이 될 것이다.

이지웅(「성경을 읽다」 저자, 예수전도단 스위스 로잔 성경연구학교장)

요즘 상점이나 식당에서는 식재료의 '배후 세계'를 친절히 알려 준다. 「손에 잡히는 신약 개론」은 신약성경 각 권의 배후 세계를 손쉽게 열어 주는 업데이트된 고급 내비게이션과 같다. 북미 신학생과 목회자에게 오랫동안 사랑받아 온 카슨과 무의 신약 개론이 성육신하듯 한결 쉬운 문장과 핵심 내용이라는 새 옷을 입고 우리 독자들에게도 반갑게 찾아왔다. 단단한 영의 양식을 곱씹으면서 신약의 깊은 맛을 음미하기 원한다면 한 손엔 성경을, 다른 한 손엔 이 책을 들길 권한다.

허주(아세아연합신학대학교 신약학 교수)

손에 잡히는 신약 개론

IVP(InterVarsity Press)는
캠퍼스와 세상 속의 하나님 나라 운동을 지향하는
IVF(InterVarsity Christian Fellowship)의 출판부로서
생각하는 그리스도인을 위한 문서 운동을 실천합니다.

Originally published in the U.S.A. under the title: *Introducing the New Testament*
Copyright ⓒ 1992, 2005, 2010 by D. A. Carson and Douglas J. Moo
Published by permission of Zondervan, Grand Rapids, Michigan
All rights reserved.
Further reproduction or distribution is prohibited.

Korean edition Copyright ⓒ 2015
by Korea InterVarsity Press, Seoul, Republic of Korea.
This Korean edition is translated and used by arrangement of Zondervan
through rMaeng2, Seoul, Republic of Korea.

이 한국어판의 저작권은 알맹2 에이전시를 통하여 Zondervan과 독점 계약한 IVP에 있습니다.
신 저작권법에 의하여 한국 내에서 보호받는 저작물이므로 무단 전재와 복제를 금합니다.

손에 잡히는 신약 개론

D. A. 카슨 & 더글러스 무
앤드류 나셀리 편집 | 안세광 옮김

Ivp

차례

머리말 9
약어 11

1장 | 서론 13
2장 | 공관복음 17
3장 | 마태복음 27
4장 | 마가복음 37
5장 | 누가복음 49
6장 | 요한복음 61
7장 | 사도행전 74
8장 | 신약의 서신들 91
9장 | 신학자 사도 바울 100
10장 | 로마서 112
11장 | 고린도전후서 123
12장 | 갈라디아서 137
13장 | 에베소서 145
14장 | 빌립보서 151

15장 | 골로새서 158
16장 | 데살로니가전후서 164
17장 | 디모데전후서·디도서 172
18장 | 빌레몬서 183
19장 | 히브리서 188
20장 | 야고보서 195
21장 | 베드로전서 202
22장 | 베드로후서 208
23장 | 요한1·2·3서 213
24장 | 유다서 222
25장 | 요한계시록 226

결론 237

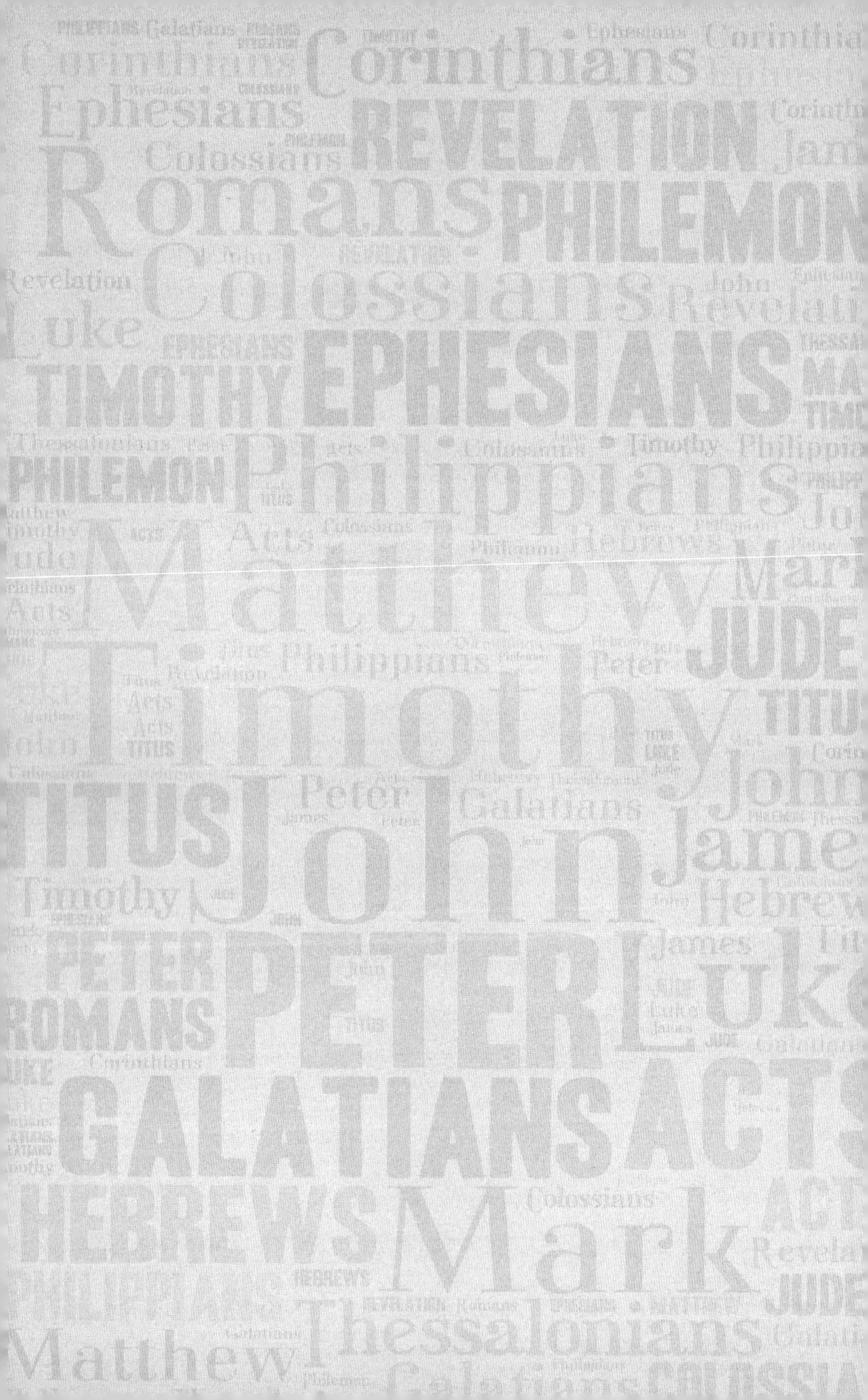

머리말

독자 여러분이 이 책을 읽는 이유는 성경을 하나님의 말씀으로 확신하기 때문이며, 그러한 확신으로 인해 성경을 더 잘 이해하고 싶어 할 것이다. 물론 하나님은 특정한 사람을 통해, 특정한 상황에서, 특정한 사람들에게, 특정한 문제와 이슈를 기록한 그분의 말씀을 사람의 언어로 우리에게 나타내시기로 작정하셨다. 이런 특정한 사항들을 알면, 자신의 말씀 속에 계시는 하나님이 우리에게 무엇을 말씀하고자 하시는지 이해하는 데 도움이 된다. 우리는 이 책을 통해 하나님의 새 언약의 말씀이 기록되었던 상황들을 개관하여, 여러분이 그 말씀을 이해하고 인식하며 그대로 살아 내는 데 도움을 주고자 한다.

이 책을 처음부터 끝까지 단번에 읽을 사람은 거의 없을 것이다. 이 책은 신약의 한 부분을 읽거나 가르칠 때 찾아볼 참고서다. 신약의 각 책들(어떤 경우에는 여러 권을 한꺼번에)은 해당 장에 소개되어 있다. 기본적으로 각 장은 각 권의 내용과 상황에 대한 짧고 쉬운 개관을 제공한다. 그런가 하면, 공관복음이나 신약의 서신들이나 사도 바울 등 여러 권에 걸쳐 나타나는 일반적 주제를 다루는 장도 있다. 이 책의 다른 부분을 읽기 전에, 먼저 1장 '서론'을 읽기 바란다. 책 전반에서 논의할 중요한 예비 지식을 제공하기 때문이다.

이 책은 같은 내용을 길고 자세히 다룬 「신약 개론」(*An Introduction to the New Testament*, 은성)의 요약판이다. 이 책에서 다룬 내용을 더 자세히 연구하려면 그 책을 참고하기 바란다. 그 두꺼운 책을 더 많은 독자가 볼 수 있도록 이렇게 요약판으로 만들 수 있어 감사하다. 요약판의 초고 작성을 도맡아 꼼꼼히 작업해 준 앤드류 나셀리에게 깊이 감사한다. 우리 셋은 독자 여러분이 신약성경을 더 배워 감에 따라 신약의 한 쪽 한 쪽이 말하는 그분을 더 잘 알고 더 깊이 사랑하게 되길 바란다.

오직 하나님께 영광을.

D. A. 카슨
더글러스 J. 무
앤드류 나셀리

약어

BST	Bible Speaks Today
EBC	The Expositor's Bible Commentary
IVPNTC	InterVarsity Press New Testament Commentary
NAC	New American Commentary
NIBC	New International Bible Commentary
NICNT	New International Commentary on the New Testament
NIV	New International Version of the Bible
NIVAC	New International Version Application Commentary
NRSV	New Revised Standard Version of the Bible
PNTC	Pillar New Testament Commentary
RSV	Revised Standard Version of the Bible
THNTC	Two Horizons New Testament Commentary
TNTC	Tyndale New Testament Commentary

1장
서론

신약성경이 나타나기 시작한 때부터 사람들은 신약을 읽고 연구해 왔다. 신약 27권이 다 기록되기 전에도 기존 신약 문서들을 해석하는 데 어려움을 느끼는 사람들이 있었는데(바울 서신을 언급한 벧후 3:15-16을 보라), 2천 년의 간격과 언어와 문화와 역사의 차이가 생기면서 성경 해석은 더욱 어려워졌다. 더구나 수세기에 걸친 신약에 관한 엄청난 저술들 역시 성경 연구를 더 수월하게도 더 어렵게도 만들었다. 좋은 지침이 될 자료가 많다는 점에서는 도움이 되지만, 자료의 분량이 방대하고 복잡하게 뒤엉켜 있다는 점에서는 굉장히 어려워졌다.

책의 구성

이 책은 신약의 이해를 돕는 서론 격 안내서로 쓰였다. 책은 단순하게 신약성경의 순서를 따라 배치했다. 2, 8, 9장에서는 공통점이 있는 성경들을 함께 다루고 나머지 장들에서는 신약 각 권에 대해 주로 다음과 같은 질문들을 가지고 논의했다(순서가 항상 같지는 않다).

- 이 책의 내용은 무엇인가?
- 이 책의 저자는 누구인가?
- 이 책의 장르는 무엇인가?
- 이 책은 어디에서 기록되었는가?
- 이 책은 언제 기록되었는가?
- 이 책은 누구를 대상으로 기록되었는가?
- 이 책은 왜 기록되었는가?
- 이 책은 믿음에 대한 우리의 이해에 어떻게 기여하는가?

대부분의 지면은 책의 내용과 책이 우리의 믿음 이해에 기여하는 점을 밝히는 데 할애했다. 성경을 펼쳐 놓고 책의 내용을 소개한 부분을 보며 해당 성경을 처음부터 끝까지 읽을 것을 권한다. 여러 표제어와 목록들을 일목요연하게 배치하여 독자들이 핵심을 쉽게 파악할 수 있게 했다.

각 장 마지막 부분에는 복습과 토의를 위한 질문 및 더 깊은 연구를 위한 자료를 수록했다. 다음은 추가적인 신약 공부에 도움을 줄 일반적인 자료들이다.

추천 자료

초급 Craig L. Blomberg, *Jesus and the Gospels*. 2nd ed.(Nashville: Broadman & Holman, 2009).「예수와 복음서」(CLC).

_____, *From Pentecost to Patmos*(Nashville: Broadman & Holman,

2006). 「오순절 성령강림에서 밧모섬까지」(CLC).

D. A. Carson, "Approaching the Bible," pp. 1-19 in *New Bible Commentary: 21st Century Edition*. D. A. Carson, R. T. France, J. A. Motyer, and G. J. Wenham(eds.), 4th ed.(Downers Grove: Inter Varsity Press, 1994). 「IVP 성경주석」(IVP). 이 논문은 성경 해석에 관한 기본적 개관을 제공한다.

Gary M. Burge, Lynn H. Cohick, and Gene L. Green, *The New Testament in Antiquity* (Grand Rapids: Zondervan, 2009).

The ESV Study Bible (Wheaton: Crossway Bibles, 2008). 「ESV 스터디 바이블」(부흥과개혁사). 이 성경은 유용한 글들과 각 책들에 대한 간략한 개론과 본문 해설을 담고 있다.

TNIV Study Bible (Grand Rapids: Zondervan, 2006). 이 성경은 성경 각 책들에 관한 간략한 개론과 본문 해설을 제공한다.

Walter A. Elwell, and Robert W. Yarbrough(eds.), *Encountering the New Testament*. 2nd ed.(Grand Rapids: Baker, 2005). 「신약의 역사적 신학적 개론」(크리스챤출판사). 다양한 컬러 사진과 자료 CD-ROM이 포함된 이 책은 신뢰도 높고 읽기 쉬운 개관을 제공한다.

중급 Craig A. Evans and Stanley E. Porter(eds.), *Dictionary of New Testament Background* (Downers Grove: InterVarsity Press, 2000).

Craig A. Green and Scot McKnight(eds.), *Dictionary of Jesus and the Gospels* (Downers Grove: InterVarsity Press, 1992). 「예수 복음서 사전」(부흥과개혁사).

Craig S. Keener, *The IVP Bible Background Commentary: New Testament* (Downers Grove: InterVarsity Press, 1993). 「IVP 성경배경주석」(IVP).

Gerald F. Hawthorne and Ralph P. Martin(eds.), *Dictionary of Paul and His Letters* (Downers Grove: InterVarsity Press, 1993).

Ralph P. Martin and Peter H. Davids(eds.), *Dictionary of the Later New Testament and Its Developments* (Downers Grove: InterVarsity Press,

1997). 특히 796-814쪽에 있는 D. A. 카슨의 "신약성서 신학"을 보라.

T. Desmond Alexander and Brian S. Rosner (eds.), *New Dictionary of Biblical Theology* (Downers Grove: InterVarsity Press, 2000). 「IVP 성경신학사전」(IVP). 이 책은 크게 세 부분으로 이루어져 있다. (1) D. A. 카슨의 "조직신학과 성서신학" 같은 12개의 주요 개론적 논문, (2) 성경의 중요한 장르 구분에 따른 7개의 논문과 성경 각 책에 관한 개관, (3) 성경의 주요 주제 140개를 설명한다.

고급 D. A. Carson, *New Testament Commentary Survey*, 6th ed. (Grand Rapids: Baker, 2007). 수백 개의 신약 주석서를 간략히 평가한다.

David Alan Black and David S. Dockery (eds.), *Interpreting the New Testament* (Nashville: Broadman & Holman, 2001).

Frank Thielman, *Theology of the New Testament* (Grand Rapids: Zondervan, 2005). 「신약신학」(CLC). 이 책은 학생들이 사용하기에 편리하며, 주의 깊고 친절하고 간략하게 설명되어 있어 적용에 도움이 된다.

* 한국 IVP가 출간한 「IVP 성경주석」, 「IVP 성경배경주석」, 「IVP 성경신학사전」, 「IVP 성경사전」, 「BST 성경강해 시리즈」, 「톰 라이트 에브리원 주석 시리즈」를 참고하면 성경을 더 깊이 이해하는 데 큰 도움이 될 것이다. 그 외 자료는 뒷날개를 참고하라.

2장
공관복음

공관복음이란?

처음의 세 복음서인 마태복음과 마가복음과 누가복음은 종종 공관복음이라고 불린다. 공관(synoptic)이라는 말은 '함께 본다'는 뜻으로, 요한복음과 비교했을 때 마태복음과 마가복음과 누가복음이 지닌 다음의 세 가지 매우 유사한 관점 때문에 이런 이름이 붙었다.

1. 구조: 공관복음은 비슷한 **구조**를 지녔다. 예수님의 사역을 일반적으로 지리적 연속선상에서, 즉 갈릴리에서 시작해 북쪽 지방, 유대와 베뢰아, 예루살렘 순으로 구성한다. 반면에 요한복음은 예수님이 주기적으로 방문하신 예루살렘에서의 사역을 중심으로 구성되었다.

2. 내용: 공관복음은 예수님의 치유, 귀신을 쫓아내심, 비유로 가르치심에 중점을 두며, 동일한 사건을 대거 열거한다. 그에 반해 요한복음에는 축귀나 비유 같은 공관복음에 많이 나타나는 사건들(예.

열두 제자의 파송, 변화산 사건, 감람산 설교, 최후의 만찬 등)이 등장하지 않는다.
3. 어조: 공관복음은 속사포같이 신속하고 강렬한 **어조**로 예수님의 지속적인 이동과 행동(특히 기적)과 (보통) 짧은 가르침들을 전달한다. 반면에 요한복음은 사건은 적게, 강화는 길게 묘사하며, 좀더 사색적이다.

지난 두 세기 동안 학자들은 복음서를 여러 각도에서 면밀하게 연구해 다양한 결과를 얻었다. 이는 공관복음이 그리스도인의 믿음과 삶에서 매우 중요하다는 측면에서 당연한 일이다. 공관복음은 하나님이 자신을 사람에게 계시하기 위해 특별히 택하신 예수님과 그분의 삶을 이야기한다. 또한 역사의 의미와 모든 개별 인간의 운명을 결정짓는 사건, 즉 메시아이신 예수님의 죽음과 부활을 그려 낸다.

공관복음은 어떻게 존재하게 되었나?

공관복음의 저자가 누구인지를 단순하게 정리하는 것으로는 다음과 같은 질문에 대한 답을 얻을 수 없다. 저자들은 자신이 사용한 예수님에 관한 자료를 어떻게 입수했는가? 세 복음서가 매우 유사하면서도 어떤 부분에서는 확연하게 다른 이유는 무엇인가? 복음서를 기록한 사람들은 단순히 전승을 기록한 사람인가 아니면 자신의 관점을 가진 저자인가? 그리고 이런 질문들의 배후에 더 큰 질문이 있는데, 바로 "복음서가 '네 개'인 이유는 무엇인가?"이다.

누가는 자신의 복음서 자료들을 세 단계를 거쳐 입수했다고 언급한다(눅 1:1-4).

1. 구전 전승. "목격자와 말씀의 일꾼 된 자들"이 예수님에 관한 진리를 '전하여 [주었다].'
2. 기록된 자료. 예수님과 초대교회의 내력을 저술하기 위해 이미 '많은' 사람들이 붓을 들었다.
3. 최종 저술. 누가는 그런 자료들을 '근원부터 자세히 미루어 살핀' 후 '차례대로' 자신의 설명을 저술했다.

지난 두 세기 동안 공관복음을 연구한 학자들은 이러한 각 단계에 초점을 맞춘 독자적인 연구 방법을 개발해 왔다. 성경 해석자들이 계속 씨름하고 있는 복잡한 문제들에 대해서는 뒤에서 간략히 설명하겠다.

각각의 접근법은 이를 사용하는 방식에 따라 유용하거나 해로울 수 있는데, 많은 학자가 해로운 쪽으로 사용해 매우 나쁜 결론들에 도달하곤 했다. 예를 들어, 어떤 학자는 복음서가 실제 역사를 기술했음을 거부하고 따라서 예수님의 부활의 역사성 또한 부인한다.

구전 전승 단계: 양식 비평

양식 비평은 초기 그리스도인이 예수님의 말씀과 행적을 구전으로 전한 시기를 연구하는 방법이다. 양식 비평 학자는 예수님이 승천하고 20여 년 정도 지나서 자료들이 기록되기 시작했고, 그러고 나서 얼마 되지 않아 복음서들이 저술되었다고 주장한다. 이 시기에 초기 그리스도인이 예수님에 관한 다양한 이야기들을 독자적인 양식들에 맞춰 넣었다는 것이다. 이런 양식을 추출해 내려는 시도는 유용할 수도 있다. 그러나 많은 양식 비평가는 초대교회가 전달받은 구전 전승들을 상당히 변형시켰다고 간주하는 실수를 저질렀다. 그러한 부정적 역사 판단에 타당한 근거가 없음에도 말이다.

기록된 자료 단계: 자료 비평(공관복음 문제)

시간이 흐르면서 초기의 기록된 자료 단편들은 구전 전승과 합쳐져 더 긴 성문 자료가 되고 마침내 복음서가 만들어졌다. 자료 비평은 세 공관복음을 만드는 데 사용된 문서 자료의 정체를 밝히려고 애쓴다. 공관복음은 전반적인 개요와 특정 문구 사용 면에서 눈에 띄게 유사하지만(예. 마 9:1-8; 막 2:1-12; 눅 5:17-26), 이해하기 어려운 차이점도 있다.

'공관복음 문제'라는 말은 이러한 공관복음끼리의 유사성과 상이성 모두를 포괄적으로 설명해야 하는 어려움으로 인해 생겨났다. 즉 공관복음 문제의 배후에는 다음과 같은 질문이 놓여 있다. 첫 세 복음서의 특징인 정확한 일치와 광범위한 차이점들의 조합을 가장 잘 설명하는 이론은 무엇인가?

이 질문에 대한 두 가지 주된 답변이 있다.

1. 마태복음과 마가복음과 누가복음은 서로 독립적으로 기록되었다. 그럼에도 서로 비슷한 이유는 공관복음이 원복음이나 구전 자료나 형성 중인 기록물의 단편 같은 공통의 자료(또는 자료들)에 의존했기 때문이다.
2. 마태복음과 마가복음과 누가복음은 서로를 의존했다. 세 복음서 기자들 중 둘은 자신의 복음서를 기록하기 위해 하나 또는 그 이상의 다른 복음서를 사용했다. 이러한 설명은 교회사 초기부터 받아들여졌고, 현대 신약학자들도 충분한 이유에 근거해 거의 동의

하고 있다. 이 상호 의존설은 우리의 첫 세 복음서가 실재하도록 하나님이 선택하신 방법에 대한 최상의 설명이다.

현재 상호 의존설에는 두 개의 주요한 관점이 있다. (1) '두 복음서' 가설은 누가가 자신의 복음서를 쓰기 위해 마태복음을 사용했고, 마가가 마태복음과 누가복음 둘 다를 사용했다는 해법을 제안한다. (2) '두 자료' 가설은 자료를 좀더 설득력 있게 설명하고, 그럴듯하게 들린다. 마태와 누가는 각각 개별적으로 두 자료를 사용했는데, 두 자료는 마가복음과 지금은 잃어버린 예수님의 어록 모음집인 Q(자료를 뜻하는 독일어 *Quelle*의 첫 문자)다. 이는 곧 마가복음이 가장 먼저 기록되었음을 뜻한다. 다음으로 마태와 누가는 마가복음과 Q를 차용했으나 서로 의존하지는 않았다. 현재까지 Q자료설은 마태복음과 누가복음 각각의 비마가복음 자료들 안에 있는 일치에 대한 최상의 설명이다. 하지만 두 자료 가설에도 주의할 점이 있다.

1. 복음서의 형성 과정은 너무 복잡하기에, 어떤 이론이 아무리 자세하더라도 그 과정을 완벽하게 설명하지는 못한다.
2. 두 자료 가설이 만족스럽게 설명하지 못하는 자료들도 존재하기 때문에, 이 이론은 확정된 결론이 아닌 잠정적 작업 가설이다.

최종 저술 단계: 편집 비평

편집 비평은 복음서 저자가 자료를 사용한 방식을 분석해 그들의 신학적 목적을 찾아낸다. '편집'(Redaction)이라는 용어는 복음서를 실제로 기록할 때, 구전되고 기록된 전승들을 편집하는 과정을 일컫는다. 이런 편집 활동을 비평하는 데는 저자가 무엇을 포함하고 제외시켰는지, 자료들을 어떻게 배치하고 연결하고 말로 표현했는지 등을 살피는 작업이 수반된다. 유형은 저자의 신학적 관심을 드러낸다(예. 누가는 기도를 강조한다). 편집 비평을 어느 정도 사용하지 않고서는 진지한 복음서 연구가 거의 불가능한데, 과장된 주장이나 잘못된 가정이나 부적절한 적용으로 인해 문제가 되기도 한다. 그러나 편집 비평을 제대로 사용하면 다음과 같은 긍정적인 도움을 받을 수 있다.

1. 편집 비평은 복음서의 최종 본문에 집중하기 때문에 양식 비평과 자료 비평보다 본문 연구에 더 도움이 된다.
2. 편집 비평은 저자가 역사적 관심 이상(그렇다고 그보다 덜하지도 않은)을 가지고 복음서를 기록했음을 상기시킨다. 배치와 첨가와 생략과 어구 변환이 사건이나 가르침의 역사성을 손상시키지는 않는다. 독자에게 뉴스를 전달하기 위해 받은 자료를 재구성하는 신문이 기사의 정확성에 영향을 미치지는 않듯이 말이다. 중요한 연설을 몇 단어로 요약하거나 발췌할 때도 신문들은 이런 방식을 통해 동일한 연설이더라도 각기 다른 강조점에 초점을 맞추곤 한다. 그렇다고 사람들이 신문 보도의 정확성에 의문을 제기하지는 않듯, 복음서 저자들이 예수님의 말씀을 요약하고 발췌하고 재구성했다고 해서 복음서 저자들의 역사적 정확성이 문제가 될 이유는 없다.
3. 편집 비평은 복음서의 풍성한 다양성을 알게 함으로써 우리의 복음서 이해를 증진시킨다. 예수님에 관한 이야기는 하나의 슈퍼 복음서가 아닌 네 개의 복음서로 전해졌으며, 각각의 복음서는 예수님을 잘 이해하는 데 독특하고 중요한 기여를 한다.

복음서의 장르는 무엇인가?

신약 어디에서도 예수님의 사역을 묘사하는 네 권의 책에 복음서라는 이름을 붙이지는 않는다. 신약은 '복음'이라는 단어와 이 단어와 관련된 '복음을 선포하다'라는 동사를 사용하여 하나님의 아들 안에 나타난 그분의 구원 행동의 메시지를 기록한다(예. 막 1:14-15; 롬 1:16; 고전 15:1; 갈 1:6-7). 마태와 마가와 누가와 요한의 책에 '복음'이라는 제목을 붙인 것은 초대교회였다. 네 권의 제목이 붙여진 방식, 즉 '마태의 복음'이 아니라 '마태[의 판]에 따른 [한] 복음'이라는 표현(마가복음과 누가복음과 요한복음에서도 동일하다)은 복음의 단일성을 강조한다. 이렇게 명명된 책은 우리의 복음서 이전에는 없었다.

그렇다면 복음서의 문학 양식, 즉 장르는 무엇인가? 정확한 해석은 장르에 관한 정확한 판단에 어느 정도 의존한다. 복음서를 정확한 역사적 기술이라고 생각하는 사람과 신화일 뿐이라고 생각하는 사람에게 예수님이 물 위를 걸으신 사건은 전혀 다른 의미일 것이다.

가장 대중적이고 변호 가능한 제안은 복음서를 전기로 보는 것이다. 사실 복음서는 표준적인 현대 전기와는 확연히 다르다. 복음서에는 예수님의 어린 시절의 성장과 교육에 관한 이야기들, 그분의 성품과 동기, 연대기적 세밀함이 결여되어 있다. 물론 고대 그리스 로마 전기들도 그런 사항을 항상 포함하지는 않는다.

그러나 복음서에는 대부분의 고대 전기에 없는 특징들이 있다. 예를 들면, 복음서 저자들은 자신의 이름을 밝히지 않으며, 복음서는 설교 지향적인 문서 안에 가르침과 행동을 독특하게 결합시킨다.

복음서는 예수님 생애의 역사적 개요에 관해 무엇을 말하는가?

예수님 생애의 역사적 개요를 구성하려는 시도는 중요하다. 복음서 기자들이 전하는 진리가 실제 역사와 필연적으로 연결되어 있기 때문이다. 그러나 이 작업에는 몇 가지 질문이 제기된다.

1. 예수님 생애의 역사적 개요를 구성하는 일은 가능한가? 가능하기도 하고 불가능하기도 하다. 일반적 개요를 구성할 수는 있지만, 구체적이고 완전히 만족스럽게 구성할 수는 없다. 복음서는 예수님의 전체 사역과 사역 중에 일어난 많은 일들을 고도로 일관성 있게 기술한다. 그러나 '예수님의 생애'를 구체적으로 구성하는 데 필요한 세부적인 시간적·지리적 정보를 제공하지는 않는다. 복음서 기자들은 역사적 사실을 서술하기는 하지만, 그들이 선택해서 배열하고 전하는 사실들에는 예수님의 생애를 세세하게 짜 맞추는 데 필요한 유형의 정보가 별로 없다. 또한 사건들을 시간 순서보다는 주로 주제별로 배치한다.
2. 역사적 개요를 구체적으로 구성할 수 없다면 문제가 아닌가? 그렇지 않다. 구체적인 역사적 개요를 구성하는 데 필요한 정보를 제공하는 것이 복음서 기자들의 의도가 아니었을 뿐이다. 이는 기록들을 조화시키려는 노력, 즉 같은 사건에 대한 다른 묘사를 역사적으로 일치시키려는 시도가 잘못은 아님을 뜻한다. 우리는 모든 자료를 어떻게 설명해야 할지 잘 모른다는 사실을 인정해야 한다. 물론 우리에게 충분한 지식이 있다면, 모든 자료들은 '잘 맞을' 것이다.
3. 예수님 생애의 주요 사건들의 연도를 얼마나 정확히 알 수 있는가?

헤롯 대왕(마 2장)과 가이사 아구스도(눅 2:1)와 분봉왕 헤롯 안디바(눅 23:6-12)와 본디오 빌라도(마 27장)처럼 잘 알려진 역사적 인물의 연대를 이용해 일반 역사를 배경으로 한 복음서의 사건 연대를 쉽게 측정할 수 있다. 일반 역사의 시간표를 통해 예수님 생애의 연대를 다음과 같이 추측할 수 있다.

1) 예수님의 탄생: 주전 6-4년.
2) 예수님 사역의 시작: 대략 주후 28년 또는 29년(주후 25년이나 26년, 또는 26년이나 27년도 가능).
3) 예수님의 사역 기간: 적어도 2년 이상.
4) 예수님의 죽음: 대략 주후 30년 니산월(우리의 3-4월에 해당되는 유대인의 달) 14일 또는 15일 금요일(주후 33년 니산월 14일 금요일도 가능).

복습과 토의를 위한 질문

1. 마태복음, 마가복음, 누가복음을 '공관복음'이라 부르는 이유는 무엇인가?
2. '공관복음 문제'란 무엇인가?
3. 복음서는 현대의 전기와 어떻게 다른가?
4. 예수님의 생애를 구체적으로 구성할 수 없다는 사실은 문제인가? 이 문제를 어떻게 생각하는가?

더 깊은 연구를 위한 자료

초급 Craig L. Blomberg, *Jesus and the Gospels* 2nd ed.(Nashville: Broadman & Holman, 2009). 「예수와 복음서」(CLC).

Gregory A. Boyd and Paul R. Eddy, *Lord or Legend?* (Grand Rapids: Baker, 2007).

Mark D. Roberts, *Can We Trust the Gospels?* (Wheaton: Crossway, 2007).

중급 Craig L. Blomberg, *The Historical Reliability of the Gospels*. 2nd ed. (Downers Grove: InterVarsity Press, 2007). 「복음서의 역사적 신빙성」(솔로몬).

Darrell L. Bock, *Jesus according to Scripture* (Grand Rapids: Baker, 2002).

Mark L. Strauss, *Four Portraits, One Jesus* (Grand Rapids: Zondervan, 2007).

Robert H. Stein, *Studying the Synoptic Gospels*. 2nd ed. (Grand Rapids: Baker, 2001). 「공관복음서 문제」(솔로몬).

고급 D. A. Carson, "Redaction Criticism: On the Legitimacy and Illegitimacy of a Literary Tool." pp. 119-142, 376-381 in D. A. Carson and John D. Woodbridge (eds.), *Scripture and Truth* (Grand Rapids: Zondervan, 1983).

David Alan Black and David R. Beck (eds.), *Rethinking the Synoptic Problem* (Grand Rapids: Baker, 2001).

Paul Barnett, *Jesus and the Rise of Early Christianity* (Downers Grove: InterVarsity Press, 1999).

R. T. France, "The Authenticity of the Sayings of Jesus." pp. 101-141 in Colin Brown (ed.), *History, Criticism, and Faith* (Downers Grove: InterVarsity Press, 1976).

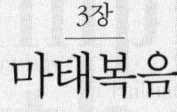

3장
마태복음

마태복음의 내용은 무엇인가?

마태는 노련한 문학적 장인이었다. 그는 다섯 편의 강화를 소개하는데, 각 강화는 특정한 상황에서 시작해 마태복음 외에는 나타나지 않는 공식[말 그대로 "예수께서 말씀을 마치시니 (어떠한 일이 발생했다)"]으로 끝난다 (7:28-29; 11:1; 13:53; 19:1; 26:1). 마태는 서사(narrative: 예수님에 관한 이야기)와 강화(예수님의 가르침)를 다섯 차례 번갈아 기술한다.

1. 서언(1:1-2:23)

   여섯 부분으로 나뉘며, 족보를 제외한 모든 곳에서 성취 공식의 형태로 구약이 인용된다.

   1) 예수님의 족보(1:1-17).
   2) 예수님의 탄생(1:18-25).
   3) 동방박사들의 방문(2:1-12).
   4) 이집트로의 도피(2:13-15).

5) 베들레헴에서의 대학살(2:16-18).

　　6) 나사렛으로의 귀환(2:19-23).

2. 하나님 나라의 복음(3:1-7:29)

　　1) 서사(3:1-4:25). 세례 요한의 사역(3:1-12)과 예수님의 세례받으심(3:13-17)과 시험받으심(4:1-11)과 초기 갈릴리 사역(4:12-25)이 묘사되어 있다.

　　2) 산상 강화(5:1-7:29). 예수님은 구약과 관련지어(5:17-48) 천국의 규범(5:3-12)과 증인(5:13-16)을 소개하신다. 하나님 나라의 관점을 추구하는 것과 대조된(6:19-34) 위선에 대해 경고하신다(6:1-18). 균형과 온전함은 구약이 바라는 바를 완성한다(7:1-12). 사람은 두 길과 두 나무와 두 주장과 두 건축가 사이에서 선택해야 한다(7:13-27). 끝맺는 구절은 예수님의 권위를 재확인한다(7:28-29).

3. 예수님의 권위 아래 확장되는 하나님 나라(8:1-11:1)

　　1) 서사(8:1-10:4). 하나님 나라와 왕의 면모을 상징적으로 나타내는 기적이 많이 나온다. 예수님이 마태를 부르시는 장면(9:9)과 죄인들과 함께 식사하시는 장면(9:10-13)도 묘사되어 있으며, 예수님의 현존 속에 분명하게 드러나는 하나님 나라의 도래가 곧 기쁨의 때임이 선포된다(9:14-17). 더 많은 일꾼을 보내 달라고 기도하라는 가르침(9:35-38)과 열두 제자를 부르시는 것(10:1-4)으로 끝난다.

　　2) 선교와 순교 강화(10:5-11:1). 열두 제자의 선교에 관해 말씀하신 후(10:5-16), 예수님은 장차 다가올 고난에 대해 경고하시고(10:17-25), 하나님의 섭리의 빛 안에서 두려움을 금하시며(10:26-31), 진정한 제자도에 대해 기술하신다(10:32-39). 이런 제자를 대하는 것은

예수님 자신을 대하는 것과 같다(10:40-42).

4. 하나님 나라의 복음을 가르치고 선포하심: 반대가 일다(11:2-13:53)

1) 서사(11:2-12:50). 구속사의 흐름에서 세례 요한과 예수님의 역할 관련성을 설정한다(11:2-19). 또한 갈릴리에 있는 '선하고' 종교적인 유대 마을들에 대한 예수님의 신랄한 정죄와, 수고하고 무거운 짐 진 자들에게 선포된 평안과 쉼(아들의 '멍에'라는 맥락에서 찾을 수 있다는 전제하에)을 언급함으로써 대중의 기대를 뒤집는다(11:20-30). 안식일로 인해 갈등이 생기자 긴장은 고조되며(12:1-14), 예수님은 자신을 노골적으로 정복하는 왕이 아닌 겸손하고 고난받는 종으로 천명하신다(12:15-21). 예수님과 바리새인 사이에서뿐 아니라(12:22-45) 예수님과 가족들 사이에서도 대립이 일어난다(12:46-50).

2) 강화(13:1-53). 기대의 반전이 하나님 나라 비유들의 주요 주제다.

5. 영광과 그림자: 점증하는 대립(13:54-19:2)

1) 서사(13:54-17:27). 일련의 짤막한 서사는 점증하는 극단적 갈등(예. 나사렛에서의 배척, 13:54-58; 헤롯과 예수님, 14:1-12; 표적을 구함, 16:1-4)과 예수님의 능력의 본질과 핵심에 대한 뿌리 깊은 오해로 점철되어 있다[예. 5천 명을 먹이심, 14:13-21; 14:22-15:20과 17:1-20(21)도 보라]. 예수님에 대한 베드로의 고백(16:13-20)에서 절정을 이루지만, 바로 다음 첫 번째 수난 예고 이후에 벌어진 일(16:21-23; 참고. 17:22-23의 두 번째 예고)은 베드로조차 예수님을 거의 이해하지 못했음을 보여 준다.

2) 하나님 나라의 권위 아래서의 삶 강화(18:1-19:2). 위대함은 겸손과 결부되어 있으며(18:3-4), 신자들을 범죄케 하는 것보다 심각한

죄는 없고(18:5-9), 잃어버린 양을 구하는 것이 안전한 양을 먹이는 것보다 중요하며(18:10-14), 메시아 공동체 내에서 신자들은 용서와 권징을 함께 시행해야 함(18:15-35)을 말씀하신다.

6. 반대와 종말론: 은혜의 승리(19:3-26:5)

1) 서사(19:3-23:39). 논쟁과 비유를 통해 예수님을 따르는 사람들에게 바라는 뜻밖의 행동을 강조한다(19:3-20:34). 고난주간에 예수님은 예루살렘에 승리의 입성을 하시고(21:1-11), 성전을 정화하시고(21:12-17), 무화과나무를 저주하시고(21:18-22), 자신이 메시아라는 주장으로 성전에서 논쟁을 벌이신다(21:23-22:46). 분노한 예수님은 율법학자(서기관)와 바리새인에게 저주를 선언하시고(23:1-36), 예루살렘에 대해 애통해하신다(23:37-39).

2) 감람산 강화(24:1-25:46). 난해하기로 유명한 이 강화는 예수님이 성전을 바라보시는 장면으로 시작된다(24:1-3). 먼저 예수님의 초림과 재림 사이에 있는 해산의 고통(24:4-28)과 인자의 오심을 설명하고(24:29-31), 산고의 중요성을 되새기고(24:32-35), 인자가 언제 오실지 알 수 없기 때문에 준비해야 함을 촉구한다(24:36-41). 이어지는 일련의 비유는 깨어 있으라는 주제를 다양하게 묘사한다(24:42-25:46). 전환적인 결론부에는 마태복음의 네 번째 주요 수난 예고와 예수님을 해하려는 계획에 대한 약간의 설명이 나온다(26:1-5).

7. 예수님의 수난과 부활(26:6-28:20)

1) 수난. 베다니에서의 기름 부음(26:6-13)과 유다의 배반(26:14-16) 직후에 최후의 만찬(26:17-30)과 베드로의 부인에 대한 예언(26:31-35), 겟세마네(26:36-46), 예수님의 체포(26:47-56), 산헤드린 심문

(26:57-68), 베드로의 예수님 부인(26:69-75), 산헤드린의 공식 결정(27:1-2), 가룟 유다의 죽음(27:3-10), 빌라도의 심문(27:11-26), 군병들의 희롱(27:27-31), 십자가에 달리심과 조롱(27:32-44), 예수님의 죽으심과 즉각적인 효과(27:45-56), 예수님의 장례(27:57-61), 무덤을 지킨 경비병(27:62-66) 이야기가 빠르게 이어진다.

2) 부활. 28:1-17의 이야기는 지상명령(28:18-20)에서 절정에 이른다.

마태복음의 저자는 누구인가?

학자들은 종종 네 복음서의 저자가 무명이라고, 곧 이름으로 자신의 정체를 밝히지 않는다고 주장한다. 서두에서 저자와 1차 독자를 밝히는 바울의 로마서 같은 책과 비교하면, 이런 견해는 엄밀히 말해 틀린 말은 아니다. 마태복음과 마가복음과 누가복음과 요한복음에는, 복음서들을 누가 기록했는지 명기되어 있지 않다. 그러나 복음서들이 '마태복음' 같은 제목 없이 유포되었다는 증거는 없다. 제목은 처음부터 저작의 한 부분이었을 것이고, '~가 전한'이라는 표현은 저자라고 생각되는 사람을 소개하는 기능을 한다. **하나의** 복음이 '마태가 전한 복음', '마가가 전한 복음', '누가가 전한 복음', '요한이 전한 복음'이라는 네 개의 독특한 형태로 사람들에게 유포된 것이다.

마태복음의 저자는 사도인 '세리 마태'일 가능성이 높다(10:3). 어떤 차원에서는 마태복음의 저자가 누구인가는 그리 중요하지 않다. 저자가 사도가 아니라 해도 마태복음의 의미나 권위가 크게 달라지지 않는다.

마태복음은 어디에서 기록되었는가?

마태가 자신의 복음서를 어디에서 기록했는지 확실히 알 수는 없다. 가장 유력한 장소는 시리아인데, 당시 시리아의 안디옥은 규모가 큰 유대인 거주지이자 이방인 선교 최초의 중심지였기 때문이다. 하지만 이런 결론은 중요하지 않다.

마태복음은 언제 기록되었는가?

많은 현대 학자들은 마태복음이 주후 80-100년 사이에 기록되었다고 본다. 그러나 이 견해는 논란의 여지가 많은 판단에 근거를 두고 있다. 대다수의 증거는 마태복음이 주후 70년에서 그리 멀지 않은 시기에 기록되었음을 시사한다. 예를 들면, 초기 교부들은 마태복음의 이른 저작을 만장일치로 지지한다. 예수님의 어떤 말씀은 주후 70년에 무너진 성전이 마태복음이 기록될 당시에 여전히 존재했음을 암시하는 것으로 인식되기도 한다(5:23-24; 12:5-7; 23:16-22; 참고. 26:60-61).

마태복음은 누구를 대상으로 기록되었는가?

보통은 마태가 유대인이 많이 거주하는 자신의 동네(예. 팔레스타인이나 시리아)에 사는 신자들의 필요를 채우기 위해 복음서를 기록했다고 추정한다. 마태복음에 유대적 특징들이 매우 많이 나타나기 때문에, 저자가 **주로 이방인** 독자들을 염두에 두었다고 보기 어렵다. 하지만 마태가 특정 지역의 독자만을 염두에 두기보다는 일정한 **유형**의 독자를 생각하며 복음서를 기록했을 개연성도 있다. 마태복음이 처음부터 **모든** 그리스도인이 읽도록 기록되었다는 강력한 주장들이 있다.

마태복음은 왜 기록되었는가?

마태는 자신의 저작 목적을 직접 밝히지 않는다. 따라서 저작 목적을 기술하려는 모든 시도는, 마태복음의 주제에서 직접 추출하거나, 마태가 특정 주제를 다룬 방식을 다른 복음서와 비교하여 추출한 참고자료일 뿐이다. 마태복음의 주요 주제는 여럿이고 복잡하며 논쟁의 여지가 있기 때문에, 어떤 주제로 한정해 기술하기 어렵다.

널리 인정되는 주제로 한정할 때, 마태복음의 목적은 적어도 다음 다섯 개의 주제를 알리는 데 있다고 볼 수 있다.

1. 예수님은 약속된 메시아, 다윗의 자손, 하나님의 아들, 인자, 임마누엘, 구약이 가리키는 그분이시다.
2. 많은 유대인, 특히 유대 지도자들은 예수님의 사역 기간 동안 그분을 알아보지 못하는 죄를 범했다.
3. 약속된 미래의 하나님 나라는 예수님의 생애와 죽음과 부활과 승천을 통해 이미 시작되었다.
4. 이 메시아적 통치는, 유대인과 이방인으로 구성된 신자들이 예수님의 권위에 복종하고 유혹을 이기고 박해를 견디고 전심으로 예수님의 가르침을 받아들이고 그러한 행위를 통해 세상에 자신이 하나님의 백성이자 '하나님 나라의 복음'의 진정한 증인임을 나타

냄으로써 세상에서 계속된다.
5. 이 메시아적 통치는 구약의 소망에 대한 성취일 뿐 아니라, 예수 그리스도가 다시 오실 때 실현될 하나님 나라의 완성을 미리 맛보는 것이다.

마태는 교회를 교육하고 준비시키는 등 다양한 필요를 채우기 위해 이런 복잡한 주제를 설계했다.

마태복음은 믿음에 대한 우리의 이해에 어떻게 기여하는가?

공관복음끼리 긴밀하게 연결되어 있기 때문에, 공관복음 중 한 복음서의 기여는 다른 세 복음서의 기여에 비추어 평가해야 한다. 전체적으로, 복음서는 예수님의 인격과 사역과 가르침과 수난과 부활에 대한 대체 불가한 근본적 증언이다. 개별적으로는, 복음서마다 각자의 관점을 제공한다. 마태복음에는 여섯 개의 독특한 강조점이 있다.

1. 강화. 마태복음은 앞서 언급한 다섯 개의 주요 강화 속에 예수님의 가르침을 많은 분량 보존하고 있다.
2. 동정녀 잉태. 마태복음은 요셉의 관점에서 예수님의 동정녀 잉태를 설명함으로써 누가복음을 보충한다. 다른 기록에서는 찾아볼 수 없는 예수님의 탄생 서사 속 사건들(예. 동방 박사의 방문, 이집트로의 피신)뿐 아니라 기사 전체가 구약과 밀접하게 연결되어 있다.
3. 구약 사용. 마태복음의 구약 사용은 특히 풍부하고 복잡하다. 가장 주목할 독특성은 마태복음에만 나타나고 성취 공식으로 도입된 구약 인용문이다(10-14개로 추정). 마태는 옛 언약과 새 언약의 연관

성을 인식한다. 예언과 성취에 대한 마태의 이해는 단순히 예언이 사건 자체를 통해 역사적으로 성취되었다는 것으로 그치지 않는다(그럴 때도 있지만). 마태는 다양한 형태의 모형론을 사용해 구약을 그리스도 중심적으로 읽는다.

4. 율법. 마태가 율법을 내면화하거나, 급진화하거나, 사랑의 계명에 종속시키거나, 율법의 윤리적 차원만 절대화하거나, 사람을 그리스도께 인도하는 몽학선생으로 취급한다고 생각하는 사람이 많다. 하지만 예수님이 율법을 '완성'하려 오셨다(5:17)는 마태 자신의 범주를 사용하는 것이 더 낫다. 즉, 율법에는 의도적인 예언적 기능이 있다.

5. 이스라엘과 교회. 마태복음은 구약을 되돌아볼 뿐 아니라 장차 교회가 어떻게 될지를 내다보는 기능도 한다. 이스라엘과 교회의 관계에 관한 후대 논쟁의 기원은 마태복음과 요한복음과 로마서와 히브리서에서 대부분 발견된다. 마태복음은 유대 지도자들을 이해하는 데 특별히 기여한다.

6. 예수님. 예수님에 대한 마태의 묘사 대부분은 **고유하지는 않지만** 특색 있다. '다윗의 아들'이라는 호칭을 예수님의 치유 사역에 반복적으로 연결시킨 것에서 볼 수 있듯이, 마태는 특정한 호칭을 어떤 주제와 연관시킴으로써 독특한 차이를 만들어 내는 것 같다. 또한 예수님을 '임마누엘'(하나님이 우리와 함께 계시다)이라고 주장할 때처럼(1:23), 마태는 다른 복음서 기자들은 언급하지 않는 호칭을 도입하여 그러는 것 같다.

복습과 토의를 위한 질문

1. 마태복음의 다섯 강화는 무엇에 대해 다루는가?
2. 마태복음을 하나의 한정된 목적이 아니라 복수의 목적을 갖고 기록되었다고 이해하는 것이 더 나은 이유는 무엇인가?
3. 마태복음의 예수님 묘사에는 어떤 특징이 있는가?

더 깊은 연구를 위한 자료

초급 D. A. Carson, *God with Us* (Brentwood: JKO, 1995). 이 책은 가정 성경공부와 성인 주일학교 교재로 출판되었다.

_____, *Jesus' Sermon on the Mount and His Confrontation with the World* (Grand Rapids: Global Christian Publishers, 1999). 「산상수훈 연구」(생명의말씀사).

Matthew J. Wilkins, *Matthew*. NIVAC (Grand Rapids: Zondervan, 2003). 「NIV 적용주석 마태복음」(솔로몬).

중급 Craig L. Blomberg, *Matthew*. NAC 22 (Nashville: Broadman, 1992).

D. A. Carson, "Matthew." In *Matthew-Luke*. EBC 9 (Grand Rapids: Zondervan, 2010). 「엑스포지터스 성경연구 주석 마태복음」(기독지혜사).

고급 R. T. France, *The Gospel of Matthew*. NICNT (Grand Rapids: Eerdmans, 2007).

4장
마가복음

마가복음의 내용은 무엇인가?

예수님 사역에 관한 마가의 이야기는 행동 지향적이다. 마가는 예수님의 긴 가르침을 나열하기보다는 급속하게 장면을 전환한다. 그래서 '즉시'라는 의미의 단어를 42회나 사용한다(신약 다른 부분에 나타나는 횟수의 거의 세 배다). 예수님은 지속적으로 이리저리 이동하시면서 병을 고치시고 귀신을 쫓아내시며 적대자들에 맞서시고 제자들을 가르치신다.

1. 사역 준비(1:1-13). "하나님의 아들 예수 그리스도의 복음의 시작"(1:1)은 예수님의 예비자 세례 요한의 사역(1:2-8)과 예수님의 세례 받으심(1:9-11)과 광야에서 사탄에게 시험당하심(1:12-13)에 나타나 있다.
2. 갈릴리 사역 1부(1:14-3:6). 예수님의 갈릴리 입성과 하나님 나라 선포에 대한 요약은 마가복음의 빠른 이야기 전개에서 전환 구절 역할을 한다(1:14-15). 예수님이 네 명의 제자들을 부르신 사건(1:16-

20) 다음에, 마가는 예수님이 회당에서 가르치시고 귀신을 쫓아내시며 병자를 고치시는 모습 등 예수님의 사역 기간의 전형적인 일과를 엿보게 한다(1:21-34). 이 사건들의 비상한 성격 때문에 수많은 군중이 모여들지만, 예수님은 갈릴리의 다른 마을들로 이동하자고 요구하신다(1:35-39). 또 다른 치유 이야기(1:40-45) 다음으로 마가는, 자신에게 죄를 사하는 권세가 있다는 예수님의 주장(2:1-12), '세리와 죄인들'과 어울리시는 예수님(2:13-17), 제자들이 정기적으로 금식하지 않는 것(2:18-22), 그리고 안식일(2:23; 3:6)을 놓고 유대 지도자들과 논쟁하시는 예수님을 묘사한다.

3. 갈릴리 사역 2부(3:7-5:43). 마가의 다음 전환 구절은 예수님의 엄청난 인기와 치유와 축귀 사역에 초점을 맞춘다(3:7-12). 여기에서는 특히 하나님 나라에 초점을 맞춘다. 이 부분은 예수님의 열두 '사도' 지명(3:13-19)과 예수님의 가족과 '서기관들' 편에서 예수님에 대한 반대가 점점 심해지는 이야기로 시작한다(3:20-34). 예수님은 비유를 통해 그런 반대가 '하나님 나라의 비밀'의 한 부분임을 설명하신다(4:1-34). 이 단락은 풍랑을 잔잔케 하심(자연, 4:35-41), 한 사람에게서 귀신의 '군대'를 내쫓으심(축귀, 5:1-20), 혈루증 앓던 여인을 고치심(병 고침, 5:25-34), 야이로의 딸을 죽음에서 일으키심(부활, 5:21-24, 35-43) 등 예수님의 기적이 지닌 특징적인 유형을 보여 주는 네 가지 기적으로 절정을 이룬다.

4. 갈릴리 사역 3부(6:1-8:26). 마가는 예수님이 (앞의 두 단락에 묘사된 많은 사건들이 일어난) 갈릴리 바닷가 지방을 떠나 갈릴리 산지에 있는 자신의 고향 나사렛으로 옮겨 가시는 이야기로 장면을 전환한

다(6:1-6). 이 부분은 예수님의 놀라운 능력과 어떤 유대 관습들에 대한 비판과 예수님에 대한 점증하는 반대에 다시 한 번 초점을 맞춘다. 예수님은 사명을 위해 열두 제자를 파송하신다(6:7-13). 예수님에 대한 대중적 이해와 함께 언급된 소문, 곧 예수님은 죽은 세례 요한이 살아 돌아온 사람이라는 소문을 대하면서, 마가는 헤롯 안티파스의 손에 죽은 세례 요한을 회상하는 장면을 넣는다(6:14-29). 열두 제자가 돌아온 후 예수님과 제자들은 밀려드는 군중을 피해 광야로 나가고, 거기서 예수님은 5천 명을 먹이신다(6:30-44). 그런 후 예수님은 물 위를 걸어 갈릴리 바다를 건너던 제자들을 만나신다(6:45-52). 많은 사람을 고치시고(6:53-56), 유대인의 비판에 대한 응답으로 부정함의 참된 본질에 대해 설명하신(7:1-23) 예수님은 갈릴리(와 이스라엘)를 떠나 북쪽 두로와 시돈 지역으로 가서 이방 여인의 믿음을 칭찬하신다(7:24-30). 예수님은 다시 갈릴리 바닷가 근처로 돌아오셔서, 병을 고치시고(7:31-37), 4천 명을 먹이시고(8:1-13), 눈이 있으나 '보지 못하[는]' 제자들을 가르치시고(8:14-21), 실제로 눈먼 사람을 고치신다(8:22-26).

5. 영광과 고난의 길(8:27-10:52). 마가는 마가복음의 절정으로 전환한다. 바로 베드로가 예수님을 그리스도라고 고백하는 장면이다(8:27-30). 여기서부터 강조점은 군중과 예수님의 기적의 능력에서 제자들과 십자가로 이동한다. 마가 내러티브의 이 시점에서 마가복음의 중심 목적을 구체적으로 보여 주는 장면을 세 번 반복하는 것이 이 부분의 핵심이다. 그 목적이란 예수님을 따르는 자들은 자신을 낮추고 다른 사람을 섬김으로써 주님을 닮아야 한다는 것이다.

1) 예수님이 자신의 죽음을 예언하심

| 8:31 | 9:30-31 | 10:32-34 |

2) 제자들의 오해

| 8:32-33 | 9:32(33-34) | 10:35-40 |

3) 예수님이 제자도의 대가에 대해 가르치심

| 8:34-38 | 9:35-37 | 10:41-45 |

　이 부분에는 예수님이 변화산에서 변화하신 사건(9:1-13)과 어린 아이에게서 귀신을 쫓아내신 사건(9:14-29)이 나온다. 예수님은 또한 다른 사람들을 먼저 배려하는 것(9:38-50)과 이혼(10:1-12)과 겸손(10:13-16)과 부가 제자도와 공존하기 어렵다는 점(10:17-31)에 대해서도 가르치신다. 이 부분은 여리고에서 바디매오의 눈을 뜨게 해주신 사건으로 끝난다(10:46-52).

6. 예루살렘에서의 마지막 사역(11:1-13:37). 여기에서는 예수님이 수난당하시기 전에 다양한 유대 무리들 및 당국자들과 예수님 사이의 충돌을 기술한다. 예수님이 예루살렘에 공적으로 입성하심으로 대결의 장이 마련되고(11:1-11), 성전 정화는 이 문제를 강화한다(11:12-19). 무화과나무를 말라 죽게 하신 사건은 믿음에 대한 교훈이자 이스라엘에 대한 비유다(11:20-25). 따라서 '대제사장들과 서기관들과 장로들'이 예수님의 권위에 도전하는 것이나(11:27-33), 예수님이 하나님께 대한 유대 지도자들의 반역을 주제로 하는 비유를 말씀하시는 것(12:1-12)은 당연하다. 바리새인과 헤롯당원들은 이방 통치자에게 세금을 바치는 것이 옳은지 예수님에게 묻고

(12:13-17), 사두개인들은 부활의 의미에 대해 묻고(12:18-27), 서기관들은 가장 큰 계명이 무엇인지 묻는다(12:28-34). 마침내 예수님은 자신이 메시아라는 주장을 유대인들이 숙고하게 하시려고, 시편 110:1을 어떻게 해석하는지 질문하신다(12:35-40). 과부의 희생적인 헌금을 칭찬하신 다음(12:41-44), 감람산 강화를 통해 제자들에게 영광스러운 자신의 승리의 재림을 바라보며 다가올 환난 중에도 신실하라고 격려하신다(13:1-37).

7. 수난과 빈 무덤 서사(14:1-16:8). 마가는 유일하게 정확한 날짜를 언급하며 예수님의 수난 이야기로 전환한다. 유월절 이틀 전, 대제사장들과 서기관들은 예수님을 죽이고자 모의한다(14:1-2). '유월절 엿새 전에'(요 12:1-8) 베다니에서 한 여인이 예수님께 향유를 부은 이야기를 넣은 것은, 예수님의 머리에 향유를 부어 그분의 왕적 위엄을 가리킨다는 주제를 드러내려 함이다(14:3-9). 유다가 조용히 예수님을 체포할 방법을 준비하는 동안, 예수님은 제자들과 함께 유월절을 지낼 준비를 하신다(14:10-26). 자신의 죽음을 나타내기 위해 유월절의 의식적인 요소를 가미한 식사를 마치고, 예수님과 제자들은 감람산의 겟세마네를 향해 동네를 떠난다. 겟세마네에서 고뇌하며 기도하신 예수님은 그곳에서 붙잡히신다(14:27-52). 그리고 일련의 법적 절차와 재판이 이어진다. 예수님이 유대 최고 의회 산헤드린에서 야간 심문(14:53-65)을 받는 동안, 베드로는 세 번 주님을 부인한다(14:66-72). 예수님이 산헤드린에서 이른 아침에 한 번 더 받으신 짧은 심문(15:1)과 로마 총독 본디오 빌라도의 결정적 재판(15:2-15)이 나온다. 빌라도는 예수님을 십자가에 못 박아

죽이라 선고하고, 군인들은 예수님을 조롱하고 골고다에서 십자가에 못 박는다(15:16-41). 예수님은 같은 날 장사되신다(15:42-47). 그러나 그분이 장사되는 것을 지켜본 여인들의 절망은 빈 무덤과 부활을 알리는 천사를 목격하고 두려움으로 바뀐다(16:1-8).

(45쪽의 "마가복음 16:9-20은 본래 마가복음의 일부인가?"를 보라.)

마가복음의 저자는 누구인가?

마가복음의 저자는 익명이다. '마가복음'이라는 책 제목은 주후 125년경 초대교회의 한 중요한 분파가 마가라는 사람이 두 번째 복음서를 썼다고 생각했음을 말해 준다. 마가는 사도행전(12:12, 25; 13:5, 13; 15:37)과 신약의 다른 네 편지(골 4:10; 몬 24절; 딤후 4:11; 벧전 5:13)에 나오는 요한 마가임이 거의 확실하다. 초대교회에 부가 설명 없이 언급될 정도로 잘 알려진 다른 마가가 있었다고 보기는 어렵다.

마가와 두 번째 복음서의 연관성을 초대교회의 많은 저자는 당연시했다. 주후 130년경까지 히에라폴리스의 주교였던 파피아스(Papias)는 이와 관련해 다음의 세 가지 중요한 주장을 했다(분명히 사도 요한을 인용했다).

1. 마가는 자신의 이름으로 된 복음서를 기록했다.
2. 마가는 직접 주님을 목격하지는 않았지만, 자신의 정보를 베드로에게 전해 받았다.
3. 마가의 복음에는 수사적 또는 미적 '질서'가 결여되어 있는데, 이는 베드로 설교에서 간간이 드러나는 특징을 반영한 것이다.

마가복음의 저자 문제에서 초대교회의 보편적 견해를 거부할 만한 설득력 있는 이유는 없는 듯하다.

마가복음은 어디에서 기록되었는가?

마가가 어디에서 자신의 복음서를 기록했는가에 대해 초기 전승들 사이에서 완전한 일치가 이루어지지는 않았지만, 가장 선호되는 지역으로 로마가 꼽힌다. 다른 장소로는 시리아(구체적으로 안디옥)나 동방의 어느 지역, 혹은 갈릴리가 있다. 확신할 수는 없지만, 초기 전승들의 주장과 신약에 반대되는 증거가 없는 것을 고려하면 로마가 가장 나은 대안이다.

마가복음은 언제 기록되었는가?

대부분의 현대 학자들이 마가복음이 주후 1세기 중반부터 60년대 말 사이에 기록되었다고 보지만, 50년대와 60년대의 어느 때인지를 결정하기는 불가능하다. 50년대 말이나 60년대 정도로 만족할 수 밖에 없다.

마가복음은 누구를 대상으로 기록되었는가?

마가는 자신을 내세우지 않는 화자다. 마가는 이야기를 전개하면서 편집상의 언급을 최소화하며, 자신이 염두에 둔 청중에 대해 일체 언급하지 않는다. 따라서 마가복음의 독자 문제에 관해서는 마가복음에 대한 초기 증언들과 마가복음 자체의 특징에 의존할 수 밖에 없다.

자료들에 따르면, 마가가 로마에서 로마 사람들, 일차적으로는 이방인 그리스도인 청중을 대상으로 기록했다고 제안한다. 마가가 사용하는 많은 단어나 표현 방식은 라틴어에서 왔거나 라틴어를 암시한다. 결정적이지는 않지만, 로마 청중과 부합하는 대목이다. 아람어 표현을 번역하고, 식사 전에 손을 씻는 행위 같은 유대 관습을 설명하며(7:3-4), 모세 율법의 제의적 요소와의 단절에 관심을 보이는 점(7:19; 12:32-34을 보라) 등으로 미루어, 마가가 이방인들을 대상으로 기록했음이 분명해 보인다.

마가복음은 왜 기록되었는가?

마가는 저작 목적에 대해 어떤 것도 명시적으로 언급하지 않기 때문에, 그의 저술 목적을 알기란 훨씬 더 어렵다. 마가복음의 내용을 보면, 적어도 네 개의 목적을 발견할 수 있다.

1. 예수님. 마가복음은 본질적으로 "도입부가 긴 수난 서사"다(마르틴 켈러). 마가복음은 기적을 일으키는 예수님의 능력(1:16-8:26의 초점)을 그분의 고난 및 죽음(8:27-16:8의 초점)과 나란히 놓는다.
2. 제자도. 마가는 예수님의 예고된 수난을 '제자도의 대가'와 연결시킨다(8:26-10:52). 예수님은 하나님의 **고난받는** 아들이시고(15:39), 신자는 그런 예수님을 **따르는** 자들이어야 한다. 그리스도인은 예수님이 걸어가신 길, 곧 수치와 고난, 필요하다면 죽음까지 각오하며 그 길을 가야 한다(8:34).
3. 역사적 기록. 마가는 그리스도인 독자에게 예수님의 행적과 말씀에 대한 기록을 전한다. 이는 베드로 같은 원래의 목격자들이 무대에서 사라져 감에 따른 마가 시대의 중대한 요청이었다.

4. 복음 전도. 마가는 분명히 자신의 그리스도인 독자를 복음의 지식으로 구비시키고자 한다. 이는 (1) 그가 예수님의 행적에 초점을 두고, (2) 마가복음의 구조가 초기 그리스도인의 전도 설교와 비슷하고(다음을 보라), (3) '복음'(1:1)에 대해 기록하려는 것을 보아 알 수 있다.

마가복음 16:9-20은 본래 마가복음의 일부인가?

대부분의 헬라어 사본에는 부활하신 예수님이 여러 번 나타나신 것과, 제자들에게 사명을 부여하시는 것과, 승천에 관한 이야기를 담은 소위 긴 결말이 포함되어 있다(16:9-20). (KJV를 제외한) 현대 영어 성경은 이 부분을 난외주나 각주로 표시한다. 이 결말이 본래의 것이 아니라는 주장이 매우 강하기에, (대다수의 현대 학자와 더불어) 우리는 마가가 9-20절을 기록하지 않았다고 본다. 가장 그럴듯한 추정은, 마가복음의 결말이 부적절하다고 느낀 어떤 사람이 이를 보완하기 위해 긴 결말을 작성했다는 견해다.

    마가는 8절에서 복음서를 마치려 했던 것 같다. 마가복음은 자신이 묘사하는 역사의 의미에 대해 직접 말하기보다 이야기 자체가 말하게 함으로써, 독자 스스로 예수님 이야기의 궁극적 의미를 발견하게 만든다. 조금은 수수께끼 같은 마가복음의 결말은 이러한 전략에 완벽히 들어맞는다. 독자는 예수님이 부활하셨음을 안다(6절). 그러나 여인들이 당혹스러워 하고 놀라는 모습(8절)을 보면서 독자는 이 일이 도대체 어떻게 된 것인지에 대한 의문을 품는다. 바로 이것이 마가가 우리에게 묻고 답하도록 하는 질문이다.

마가복음은 믿음에 대한 우리의 이해에 어떻게 기여하는가?

1. 최초의 복음서. 마가는 복음서를 저술한 최초의 저자다. 그는 '전기'라는 그리스 로마의 문학 양식을 독특하게 변형해 '복음서'라는 장르를 만들어 냈다. 진정한 인간인 나사렛 예수가 하나님의 아들임을 묘사하기 위해, 마가는 예수님의 생애와 사역이라는 주제를 함께 엮었다. 마가는 구원이 그리스도의 죽음과 부활에 달려있음을 그리스도인에게 상기시킴으로써, 기독교 신앙을 역사적 사건이라는 실체와 분리할 수 없도록 결합시켰다.
2. 구조. 마가복음의 배열은 초대교회의 설교 배열을 따른다. 다음은 사도행전 10:36-40의 베드로의 설교와 마가복음의 구조 사이의 유사점을 보여 준다.

베드로의 설교와 마가복음의 유사성

사도행전 10장	마가복음
복음(36절)	복음의 시작(1:1)
하나님이 나사렛 예수에게 성령과 능력을 기름 붓듯 하셨으매(38절)	예수께 성령이 임하심(1:10)
갈릴리에서 시작하여(37절)	갈릴리 사역(1:16-8:26)
그가 두루 다니시며 선한 일을 행하시고 마귀에게 눌린 모든 사람을 고치셨으니 이는 하나님이 함께하셨음이라(38절)	예수님의 사역은 병 고침과 축귀에 초점이 있음
우리는…예루살렘에서 그가 행하신 모든 일에 증인이라(39절)	예루살렘에서의 사역(11-14장)
그를 그들이 나무에 달아 죽였으나(39절)	예수님의 죽으심에 집중(15장)
하나님이 사흘 만에 다시 살리사(40절)	그가 살아나셨고 여기 계시지 아니하니라(16:6)

마가복음은 실제 사건의 진행 과정을 상당히 길게 기록하는데, 직설적이고 행적 중심으로 묘사한 마가의 기록은 다른 복음서에 비해 순서를 더 명확하게 보존하고 있다. 마가는 '설교' 구조를 통하여 독자들이 기본적 구원 사건들을 이해하고, 독자 자신이 복음을 전할 때 그 사건들을 인용할 수 있도록 준비시켜 준다.

3. 예수님의 고난. 또한 마가의 배열은 마가복음 중앙의 구조적 분리, 즉 나사렛 예수라는 인물의 참된 본성에 대해 베드로가 받은 신적 통찰을 강조한다(8:27-30). 이 지점에 이르기까지 마가복음 전반부(1:1-8:26)에서는 예수님의 기적을 강조하며, 후반부(8:31-16:8)에서는 예수님의 고난과 죽으심을 강조한다. 이 강조점들의 결합을 통하여 마가복음의 주요 목적 중 하나인, 예수님이 하나님의 **고난받는** 아들이며 우리는 이런 고난을 통해서만 그분을 제대로 이해할 수 있다는 사실이 드러난다.

4. 제자도. 마가는 제자도에도 관심을 둔다. 열두 제자는 마가복음에서 주요 인물로 묘사되며, 일반적으로 마가가 자신의 복음서를 통해 말하려는 제자의 모형 역할을 한다. 물론 열두 제자가 항상 닮아야 할 모범으로 그려지지는 않는다. 그들의 눈에 띄는 실수는 마가복음에서 특히 두드러진다(예. 6:52; 8:14-21; 14:32-42). 마가는 열두 제자의 상황을 마가복음을 저술할 당시의 그리스도인 제자의 상황과 암시적으로 대조하고 싶었던 것 같다. 열두 제자는 십자가와 부활 사건 이전에 예수님을 따랐지만, 저술 당시 그리스도인은 이미 시작된 구원의 새 시대의 능력을 힘입어 예수님을 따른다.

복습과 토의를 위한 질문

1. 마가복음의 문체와 내용은 마태복음과 어떻게 다른가?
2. 예수님의 고난과 우리의 제자도는 어떤 관계인가?
3. 마가복음의 구조에서 중요한 점은 무엇인가?

더 깊은 연구를 위한 자료

초급 David E. Garland, *Mark*. NIVAC (Grand Rapids: Zondervan, 1996). 「NIV 적용주석 마가복음」(솔로몬).

중급 Walter W. Wessel, "Mark." In *Matthew-Luke*. EBC 9 (Grand Rapids: Zondervan, 2010).

고급 James R. Edwards, *The Gospel According to Mark*. PNTC (Grand Rapids: Eerdmans, 2002).

5장
누가복음

누가복음의 내용은 무엇인가?

1. 서언(1:1-4). 누가는 헬라 문학에서 볼 수 있는 양식을 따른 공식적인 서언으로 자신의 복음서를 독특하게 시작한다.
2. 세례 요한과 예수님의 탄생(1:5-2:52). 누가의 '유년기 이야기'는 세례 요한과 예수님의 기적적인 탄생이라는 유사성에 초점을 맞춘다. 천사들이 그들의 탄생을 예언하고(1:5-38), 출산을 앞둔 친척 엘리사벳과 마리아가 만난다(1:39-45). 마리아의 찬가(1:46-56)는 세례 요한의 아버지 스가랴의 찬가와 짝을 이룬다(1:57-79). 요한은 '자라며 심령이 강하여지며'(1:80), 예수님은 '지혜와 키가 자라[났다]'(2:52). 누가는 예수님의 베들레헴 탄생(2:1-7)과 목자들의 방문(2:8-20), 예수님의 성전 방문(2:21-40), 그리고 소년 예수님에 관해 알려진 이야기 하나(2:41-52)를 기록하고 있다.
3. 사역 준비(3:1-4:13). 누가는 세례 요한의 사역(3:1-20)과 예수님의 수

세(3:21-22) 및 시험(4:1-13)을 이야기한다. 마태복음처럼 누가복음에도 예수님의 족보가 나오지만, 두 족보의 차이점을 통해 그들이 서로 다른 혈통을 따름을 알 수 있다(3:23-38).

4. 예수님의 갈릴리 사역(4:14-9:50)

1) 예수님이 나사렛에서 설교하시고 배척받은 이야기로 시작함으로써(4:16-30), 누가는 이사야가 예언한 메시아가 자신이라는 예수님의 주장을 강조한다. 그리고 나서 귀신을 쫓아내시고 병을 고치시며 하나님 나라를 선포하시는 예수님의 전형적인 활동을 기록한다(4:31-44).

2) 누가는 주님을 따르려는 자들이 모여드는 현상을 유대 당국자들의 반대와 대조한다. 예수님은 물고기 잡는 기적을 베푸시고, 시몬을 사람 낚는 어부로 부르신다(5:1-11). 그러고는 나병 환자와 중풍 병자를 고치신다(5:12-26). 예수님이 죄인과 어울리시고(5:27-32), 제자들이 금식(5:33-39)과 안식일(6:1-11)에 대한 바리새인들의 지침을 지키지 않은 일로 논쟁이 벌어진다. 예수님이 열두 제자를 지명하신다(6:12-16).

3) 제자도에 관한 예수님의 가르침(6:17-49), 예수님의 기적 두 가지(7:1-17), 세례 요한에 대한 예수님의 가르침(7:18-35), 죄를 지은 여자가 예수님께 향유를 부은 사건(7:26-50)이 나타난다.

4) 막간의 전환점으로 예수님을 따른 여인들에 대한 이야기가 있은 후(8:1-3), 누가는 씨 뿌리는 자 비유를 들려주며 하나님 말씀에 반응하는 것의 중요성을 강조한다(8:4-15). 이어서 등불과 경청의 필요성에 관한 예수님의 가르침(8:16-18)과, 하나님 말씀을 듣고 행

하는 자라야 자신의 가족이라는 '가족'에 대한 예수님의 재정의가 나온다(8:19-21).

5) 누가는 예수님의 네 가지 특징적인 기적을 보여 준다. 자연에 대한 기적(풍랑을 잔잔케 하심, 8:22-25), 귀신 축출(거라사의 귀신 들린 사람을 고치심, 8:26-39), 병 고침(혈루증 앓던 여인을 고치심), 부활(야이로의 딸을 살리심, 8:40-56)이다.

6) 누가는 예수님의 정체성과 제자도의 본질에 초점을 맞춤으로써 예수님의 갈릴리 사역에 관한 이야기를 끝맺는다. 예수님은 열두 제자를 파송하고(9:1-9) 5천 명을 먹이시며(9:10-17), 베드로는 예수님을 '하나님의 메시아'로 고백한다(9:18-27). 변화산 사건(9:28-36), 귀신 들린 아이를 고치심(9:37-45), 제자도에 관한 가르침(9:46-50)이 뒤를 잇는다.

5. 예루살렘을 향한 예수님의 여정(9:51-19:44). 누가의 초점은 자신의 사역을 완성하기 위한 예수님의 예루살렘 행을 개략하는 데 있다.

1) 누가는 계속해서 제자도에 집중한다(9:51-11:13). 일부 사마리아 사람에게 거절당하신 후, 예수님은 자신을 따를 때 치러야 할 대가에 대해 경고하신다(9:51-62). 그리고 칠십 인을 둘씩 파송하시고 그들의 성공 보고에 기뻐하신다(10:1-24). 한 율법 교사와의 논쟁에서 이웃에 대한 참된 사랑을 가르치기 위해, 예수님은 선한 사마리아인 비유를 사용하신다(10:25-37). 두 자매의 논쟁으로 인해 예수님은 다시 자신의 말을 경청하는 것의 중요성을 강조하신다(10:38-42). 기도의 유형과 우선성에 대한 가르침으로 끝난다(11:5-13).

2) 예수님은 다시 자신을 반대하는 이들에게 말씀하신다. 자신이

사탄의 이름으로 귀신을 쫓아낸다는 그들의 주장을 반박하시고 (11:14-28), 이 세대가 회개하지 않음에 대해 정죄하시고(11:29-32), 깊은 불신에 대해 경고하시고(11:33-36), 자신을 반대하는 자들에게 화를 선언하신다(11:37-54). 자신을 반대하는 것은 하나님을 반대하는 것이라고 경고하신다(12:1-12). 교만한 부자를 책망하기 위해 한 비유를 말씀하시고(12:13-21), 자신을 따르는 이들에게 하나님의 섭리적인 돌보심을 상기시킴으로써 그들을 위로하시고(12:22-34), 시대를 분별해 적절하게 행동할 필요성을 강조하신다(12:35-13:9). 예수님은 안식일에 병을 고쳐 더 심한 논쟁을 일으키시고(13:10-17; 14:1-6), 하나님 나라의 궁극적인 확장과 그 나라에 들어가는 방법을 가르치신다(13:18-30). 예루살렘을 향한 예수님의 탄식은 수많은 유대인이 그분에게 제대로 반응하지 않은 것을 강조하는데(13:31-35), 이는 높은 자리를 기대하는 자들에 대한 경고(14:7-14)와 큰 잔치 비유(14:15-24)에서 되풀이된다. 예수님은 자신을 따르는 자들에게 다시 한 번 제자도의 대가에 대해 말씀하신다(14:25-35; 참고. 9:57-62).

3) '잃은' 양과 동전과 아들에 대한 세 가지 비유(15:1-32)는 하나님의 은혜에 관한 주제를, 불의한 청지기 비유와 부자와 나사로 비유(16:1-31)는 청지기직에 관한 주제를 다룬다.

4) 누가복음은 예수님의 다양한 가르침을 포함하는데, 대부분 하나님 나라와 그에 대한 적절한 반응에 중점을 둔다(17:1-19:27). 예수님은 신실한 섬김에 대해 가르치시고(17:1-10), 사마리아인의 믿음을 칭찬하시며(17:11-19), 하나님 나라의 본질과 최종적 수립에

대해 설명하신다(17:20-37). 그분은 집요한 믿음과 겸손을 요구하시고(18:1-17), 재물의 위험성에 대해 경고하시고(18:18-30), 자신의 고난을 예고하시고(18:31-34), 눈먼 자를 고치신다(18:35-43). 재물 사용 방식을 회개한 삭개오를 만나신 후(19:1-10), 예수님은 하나님이 우리에게 맡기신 자원을 잘 사용해야 할 필요성을 말씀하신다(19:11-27).

5) 예수님은 위풍당당하게 예루살렘에 들어가신다(19:28-44).

6. 예루살렘에서의 예수님(19:45-21:38). 수난당하시기 전, 예수님은 성전을 정화하시고(19:45-46) 가르치신다(19:47-48; 21:37-38). 종교 지도자들은 그분의 권위에 문제를 제기하고(20:1-8), 예수님은 악한 포도원 농부에 대한 비유를 말씀하신다(20:9-18). 곤경에 빠뜨리려는 일련의 시도가 있은 후(20:19-44), 예수님은 서기관들에 대해 경고하신다(20:45-47). 누가는 과부의 헌금(21:1-4)과 영광 가운데 다시 오시리라는 예수님의 가르침을 기록한다(21:5-36).

7. 예수님의 수난과 부활(22:1-24:53)

1) 예수님의 수난 장면은 유다의 배신으로 시작된다(22:1-6). 그리고 최후의 만찬과 그와 관련된 가르침이 나온다(22:7-38). 군병들이 겟세마네에서 예수님을 체포하고(22:39-54), 베드로는 예수님을 부인하고 군병들은 그분을 조롱한다(22:55-65). 이 모든 일 후에, 예수님은 유대 산헤드린 공회(22:66-71)와 빌라도(23:1-5)와 헤롯 안티파스에게 심문받은 다음(23:6-12), 다시 빌라도에게 심문받고(23:13-25), 결국 십자가에 못 박히고 장사되신다(23:26-56).

2) 빈 무덤 기사 후(24:1-12), 누가는 엠마오로 가던 두 제자와 부활

하신 예수님의 대화에 초점을 맞춘다(24:13-35). 예수님은 다시 제자들에게 나타나신 후(24:36-49) 하늘에 오르신다(24:50-53).

누가복음의 저자는 누구인가?

저자의 이름이 언급되진 않지만, 누가복음과 사도행전은 어쨌든 저자와 결부된 이름 없이 결코 유포되지는 않았을 것이다. 두 책의 내재적 증거와 초대교회로부터 전해 오는 증거에 따르면, 의사이자 바울의 '사랑을 받는' 동료 누가가 저자임을 알 수 있다(골 4:14). 초대교회의 어느 누구도 누가를 저자로 보는 데 이의를 제기하지 않았으며, 누가복음과 사도행전에 의학 용어들이 사용된 점은 이 주장과 잘 맞아떨어진다.

누가는 유대교로 개종하지는 않았지만, 유대교에 호의가 큰 이방인이었을 것이다(골 4:10-14). 누가는 예수님의 사역을 직접 목격한 사람은 아니었다(눅 1:1-4). 사도행전 후반부의 '우리' 구절은 그가 바울의 동료였음을 일러 준다(7장의 '사도행전의 저자는 누구인가?'를 보라).

누가복음은 어디에서 기록되었는가?

초기 전승은 누가가 로마 출신이고 자신의 복음서를 아가야에서 기록했다고 전한다. 후대 전승은 로마를 기록 장소로 지목한다. 아가야로 추정하는 것이 합리적이긴 하지만, 특정 지역을 누가복음의 기록 장소로 확언하기에는 증거가 부족하다.

누가복음은 언제 기록되었는가?

누가복음의 기록 연대는 마가복음과 사도행전의 기록 시기와 긴밀하게 얽혀 있다.
1. (앞에서 주장한 대로) 누가가 자신의 복음서를 쓰는 데 마가복음을 주요 자료로 사용했다면, 누가복음은 분명 마가복음보다 늦게 기록되었을 것이다.
2. 사도행전은 누가복음을 전제하므로(행 1:1), 누가복음은 분명 사도행전보다 먼저 기록되었을 것이다.

누가복음의 기록 시기에 대한 두 가지 주요 견해로 주후 60년대와 75년에서 85년 사이의 어느 시점이 있는데, 우리는 전자를 지지한다. 누가복음의 연대가 70년 이후라는 유일하게 중요한 논거는, 마가복음의 저작 연대를 아무리 빨라도 60년대 중반으로 보아야 한다는 (설득력 없는) 주장에 있다. 하지만 마가복음이 50년대 후반이나 60년대 초에 기록되었다면, 누가복음은 충분히 60년대 중반이나 후반에 기록되었을 것이다.

누가복음은 누구를 대상으로 기록되었는가?

누가는 데오빌로를 위해 이 책을 썼다. 데오빌로는 사람의 이름이거나 그 사람의 정체를 숨기기 위해 사용한 가명이었을 수도 있다. 데오빌로를 '각하'라고 칭하는 것은 그가 고위직에 있는 사람, 어쩌면 로마의 귀족이었음을 암시하는 것일 수도 있다(참고. 행 24:3; 26:25). 그는 필시 최근에 회심한 사람이었을 것이고(눅 1:4), 누가의 연구와 저술을 재정적으로 도

왔을 수도 있다.

그러나 누가가 주로 이방 배경을 지닌 좀더 넓은 범위의 독자들을 염두에 두고 기록했다는 점은 거의 확실하다. 다른 복음서와 마찬가지로 누가복음 역시 특정 지역의 특정 독자만을 염두에 두고 기록하지는 않았다.

누가복음은 왜 기록되었는가?

누가는 데오빌로가 "알고 있는 바를 더 확실하게 하려"고 기록한다(1:4). 누가는 데오빌로와 그와 같은 다른 회심자들이 그리스도 안에서 하나님이 행하신 일의 궁극적 의의에 대해 확신하기를 바랐다. 그들이 그리스로마와 유대 세계의 여러 종교와 철학 중에서 기독교만을 유일하게 '옳은' 종교로 생각해야 하는 이유는 무엇인가? 하나님이 자신을 나사렛 예수를 통해 결정적으로 계시하셨다는 사실을 그들이 지속적으로 믿어야 하는 이유는 무엇인가? 누가는 이러한 질문에 답하고 회심자들의 믿음을 굳건히 하고자 누가복음을 기록했다.

누가복음은 마태복음이나 마가복음과 어떻게 다른가?

누가복음은 신약에서 가장 긴 책이다. 마태와 마찬가지로, 누가도 마가가 구성한 예수님 사역의 기본 개요에 맞추어 사역 준비, 갈릴리에서의 사역, 예루살렘으로의 이동, 수난, 부활의 순서를 따른다. 하지만 누가는 이 기본 배열을 마태보다 훨씬 많이 수정한다. 특히 놀라운 점은 예루살렘을 향한 예수님의 여정에 할애한 분량이다. 마가복음은 한 장(10장), 마태복음은 두 장(19-20장)을 할애하는 데 반해, 누가복음은 거의 열 장을 할애한다(9:51-19:27). 이를 위해 누가는 예수님의 갈릴리 사역 내용을 축소한다(눅 4:14-9:17; 막 1:14-8:26 및 마 4:12-16:12과 비교하라).

또한 누가는 선한 사마리아인(10:25-37)과 탕자(15:11-32), 불의한 청지기(16:1-9)와 같은 유명한 비유를 포함하여, 다른 복음서에서는 나오지 않는 많은 양의 자료들을 소개한다. 예수님이 삭개오를 만난 이야기(19:1-10)와 나인 성 과부의 아들을 살린 이야기(7:11-17), 십자가에서 자신을 못 박은 이들의 용서를 구하는 예수님의 기도(23:34), 같이 죽어 가던 강도에게 낙원을 약속하는 모습(23:43) 등은 누가복음에만 기록되어 있다.

누가복음과 사도행전은 어떤 관계가 있는가?

누가복음과 사도행전의 서언은 두 책이 연관되어 있음을 확증해 준다. 두 서언 모두에서 같은 사람인 '데오빌로'가 언급되고, 사도행전 1:1에 언급된 '먼저 쓴 글'은 의심의 여지없이 누가복음이다.

어떤 사람은 누가복음과 사도행전이 한 책이었는데('누가-행전') 파피루스 두루마리 하나에 다 기록할 수 없었기 때문에 두 권으로 나뉘었다고 주장한다. 사실상 오늘날의 모든 학자가 동일 인물이 두 책을 기록했다는 데 동의하고, 대부분의 학자는 두 책의 주제가 매우 일치한다는 데 찬성한다. 두 책 모두 이스라엘과의 약속을 성취하시고, 유대인과 이방인 출신 신자들로 구성된 세계적 공동체를 만드시기 위해 하나님이 역사 안에서 어떻게 일하셨는지 보여 준다. 누가복음과 사도행전 모두가 예루살렘에 초점을 맞추는 것은 이러한 움직임을 나타낸다. 누가복음은 예루살렘을 **향한** 이동을 특별히 강조하고(예. 9:51; 13:33; 17:11), 사도행전은 예루살렘**으로부터의** 이동을 묘사한다. 구원과 성령의 일하심과 하나님 말씀의 능력 등도 공통적으로 나타나는 주제다.

한편, 누가복음의 문학적 양식은 전기적이지만, 사도행전은 역사적이다. 따라서 누가복음과 사도행전을 긴밀한 관계에 있는 구분된 책으로 여겨야 한다. 누가가 저술을 시작하며 두 책 모두를 염두에 두었음은 거의 확실하지만, 문학 양식과 구조와 목적과 일부 신학적 질문에 관해서는 각 책을 따로 살펴야 한다.

누가복음은 믿음에 대한 우리의 이해에 어떻게 기여하는가?

1. 개관. 누가의 광범위한 역사 개관은 예수님의 잉태와 탄생으로 시작해 승천과 함께 끝난다. 누가는 그 사이에 다른 복음서에는 없는 예수님의 이야기와 가르침을 많이 포함한다.
2. 하나님의 계획. 예수님의 탄생과 삶, 죽음과 부활에서 일어난 사건들은 하나님이 오래전에 세우시고 구약에 계시하신 계획을 실행하시기 때문에 일어난 것이다. 특정한 사건들, 특히 예수님의 십자가 죽음은 **반드시** 일어나야 했다(9:22; 17:25; 22:37; 24:7, 44).
3. 구원. 누가복음의 중심 주제는 세상에 구원을 주시려는 하나님의 계획이다(19:10). 예수님 안에서 하나님은 구원자로 당신의 백성에게 오신다. 하나님은 죄를 용서하심으로 잃은 자들을 구하신다(예. 1:77; 5:17-26; 7:48-50; 19:1-10; 24:46-47).
4. 이방인. 누가복음은 유대인을 무시하지 않지만, 이방인이 하나님의

구원의 궁극적 수혜자임을 강조한다(참고. 4:25-27; 7:1-10; 10:30-37; 17:16). 이를 통하여 이방인을 하나님 백성으로 포함하기 위한 길이 마련된다(사도행전을 보라).

5. **소외된 자.** 예수님은 유대 사회에서 소외된 사람에게 관심이 많으시며 그들과 지속적으로 어울리신다. 가난한 자(예. 1:46-55; 4:18; 6:20-23; 7:22; 10:21-22; 14:13, 21-24; 16:19-31; 21:1-4), '죄인'(예. 바리새인의 모든 관습을 지키지 않는 사람들. 5:27-32; 7:28, 30, 34, 36-50; 15:1-2; 19:7), 여자(7:36-50; 8:1-3, 48; 10:38-42; 13:10-17; 24:1-12) 등이 그런 사람들이었다. 누가는 종종 이 같은 주변인들이 예수님의 메시지에 특별히 잘 반응한 것으로 묘사한다. 누가는 하나님 나라의 메시지를 거리낌 없이 전심으로 자유롭게 받아들이려면, 이 세상과 얽혀 있는 것들을 포기하는 것이 중요함을 암시적으로, 명시적으로 경고한다. 어떤 신학자, 특히 해방신학자들은 이 메시지에 근거해 하나님은 가난하고 억압받는 사람들에게는 특별히 은혜를 베푸시고 부자와 힘 있는 자는 물리치신다고 주장한다. 예수님이 가난한 자들을 축복하시고 부자들에게 '화 있을진저'라고 말씀하신 본문들(6:20, 24)이 이런 견해를 뒷받침한다고 말한다. 그러나 예수님이 경제적인 측면뿐 아니라 사회적·영적 중요성까지 포함하는 구약을 배경으로 '가난'과 '부'라는 단어를 사용하셨음을 유념해야 한다. 예수님이 지칭하는 '가난한 자들'은 돈이 없을 뿐 아니라 자신들의 필요를 위해 하나님께 의지하는 사람들을 말하며, '부자'는 단지 돈을 가진 사람이 아니라 자신들의 부와 힘으로 가난한 사람들을 억압하는 사람들을 일컫는다. 누가의 부와 가난 개념을 우리

문화의 범주에서 해석할 때는 이러한 뉘앙스를 고려해야 한다.
6. 청지기직. 누가의 사회경제적 관심은 또한 제자들이 예수님을 따름에 있어 돈을 사용하는 방식을 통해 자신들의 신실함을 나타내야 함을 강조한다(3:10-14; 12:13-21; 16:1-13; 16:19-31; 19:1-10).

복습과 토의를 위한 질문

1. 누가는 왜 복음서를 기록했나?
2. 다른 복음서들과 비교했을 때 누가복음의 특징은 무엇인가?
3. 누가복음과 사도행전은 어떤 관계가 있는가?
4. 누가복음의 중심 주제는 무엇인가?

더 깊은 연구를 위한 자료

초급 Darrell L. Bock, *Luke*. NIVAC (Grand Rapids: Zondervan, 1996). 「NIV 적용주석 누가복음」(솔로몬).
중급 Darrell L. Bock, *Luke*. IVPNTC (Downers Grove: InterVarsity Press, 1994).
Robert H. Stein, *Luke*. NAC 24 (Nashville: Broadman & Holman, 1992).
Walter L. Liefeld and David W. Pao, "Luke." pp. 19-355 in *Luke-Acts*. EBC 10 (Grand Rapids: Zondervan, 2007).
고급 I. Howard Marshall, *Luke: Historian and Theologian* (Downers Grove: InterVarsity Press, 1970). 「누가행전」(엠마오).

6장
요한복음

요한복음의 내용은 무엇인가?

1. 서언(1:1-18). 하나님과 동등하고 하나님 자신인 말씀이 인간이 되신다.
2. 말씀과 행동을 통해 자신을 나타내시는 예수님(1:19-10:42)
   1) 예수님의 공적 사역의 서막으로 세례 요한이 예수님을 증거하고(1:19-34), 예수님은 자신의 첫 제자들을 얻으신다(1:35-51).
   2) 예수님의 초기 사역은 표적과 행동과 말씀으로 이루어진다(2:1-4:54). 그분은 물을 포도주로 바꾸시고(2:1-11), 성전을 정화하신다(2:12-17). 또한 성전을 자신으로 대체하신다(2:18-22). 이 시기에 예수님을 믿은 많은 사람들의 부실한 믿음(2:23-25)은, 예수님과 니고데모 사이의 대화(3:1-15)와 요한의 것으로 보이는 추가 해설의 배경이 된다(3:16-21). 요한은 세례 요한이 예수님을 지속적으로 증언하는 장면(3:22-30)을 묘사한 후, 다시 설명을 단다(3:31-36). 예수님

은 갈릴리로 가시는 도중에 사마리아에 들러 여인과 마을 사람들을 믿음으로 인도하시고(4:1-42), 갈릴리에서는 왕의 신하의 아들을 고치신다(4:43-54).

3) 요한은 예수님의 더 많은 표적과 행동과 말씀을 묘사하지만, 이 상황에서 예수님에 대한 적대감은 높아만 간다(5:1-7:53). 예수님이 안식일에 38년 된 병자를 고치신 것으로 인해(5:1-15), 그분에 대한 반대가 일어나고, 예수님은 이 반대를 자신이 하나님의 아들이라는 주제로 재빨리 전환하신다(5:16-30). 자신의 정체에 대해 핵심 주장을 하신 후, 예수님은 자신을 증거하는 다른 이들의 이름을 언급하신다(5:31-47). 예수님이 5천 명을 먹이신 이야기(6:1-5)와 물 위로 걸으신 사건(6:16-21)은 생명의 떡 강화로 이어진다. 예수님은 자신이 참된 만나, 곧 사람이 먹어야 할 산 떡이라고 주장하시지만(6:22-58), 그로 인해 더 많은 혼란이 야기된다. 예수님에 대한 의견이 나뉘고, 제자 중에서도 돌아서는 사람들이 생기고, 예수님은 누가 진정으로 자신을 따르는 자인지를 주도적으로 판단하신다(6:59-71). 예수님에 대한 계속된 회의와 의심이 계속되고, 심지어 그의 가족 중에서도 나타난다(7:1-13). 초막절에 있었던 첫 번째 논쟁(7:14-44)은 실로 적대적 대결이었고, 이는 유대 당국자들의 첫 번째 조직적인 반대를 야기한다(7:45-52).

4) 예수님의 표적과 활동과 말씀은 격렬한 대립 속에서 절정에 이른다(8:12-10:42). 초막절에 벌어진 두 번째 논쟁은, 예수님이 유대 당국자들을 마귀의 자식들로 부르시는 반면, 자신에 대해서는 "나는…이다" 식으로 말씀하시면서 끝난다. 이로 인해, 수포로 돌아가

긴 했지만 예수님을 돌로 쳐 죽이려는 시도가 촉발된다(8:12-59). 예수님이 날 때부터 소경 된 사람을 고치신 사건은, 죄와 그 사람의 상태가 무관함을 보여 주고, 본다고 하는 자들을 책망하는 데서 절정에 이른다(9:1-41). 예수님이 자신의 메시아적 무리를 하나님의 백성으로 삼는 선한 목자라고 자신을 소개하자, 유대인들은 예상대로 반응한다(10:1-21). 예수님이 수전절에 자신이 그리스도이자 하나님의 아들이라 주장하시자, 노골적인 반대가 일어난다. 이에 예수님은 전략적으로 후퇴하시지만 많은 신자들이 그분을 따른다(10:22-42).

3. 전환(11:1-12:50)

   1) 나사로의 죽음과 부활은 예수님의 죽음과 부활을 예고하고(11:1-44), 이는 곧바로 예수님을 죽이려는 결정으로 이어진다(11:45-54).

   2) 이 부분은 '유대인의 유월절' 기간에 발생한다(11:55-57). 진정한 유월절 양의 죽음을 예기하며, 마리아는 예수님께 향유를 부어 그분을 위해 값으로 환산할 수 없는 희생적 사랑을 보인다(12:1-11). 승리의 예루살렘 입성을 통해 예수님의 왕권이 드러나지만, 그분의 왕권은 다른 왕권과는 다를 것이라는 전조가 이미 드러난다(12:12-19). 이방인의 도착은 예수님의 죽으시고 높여지실 '때'가 임박했음을 알린다(12:20-36).

   3) 예수님은 불신앙의 성격과 불가피성을 드러내신다(12:37-50).

4. 십자가와 높여지심을 통해 자신을 드러내시는 예수님(13:1-20:31)

   1) 주의 만찬 제정에 대한 기사 대신, 요한은 예수님이 어떻게 제자들의 발을 씻으셨는가를 상기시킨다(13:1-17). 예수님은 자신이

배신당할 것을 예언하시지만, 아버지의 뜻에 순종하여 자신의 운명을 감당할 것임을 분명히 보이신다(13:18-30).

2) 소위 예수님의 고별 설교는 예수님이 죽으시고 높여지신다는 구체적인 징후가 있기 **전에** 그 사건이 지니는 의미를 설명한다(13:31-16:33). 예수님은 자신이 높여지신 후에 신자들에게 주실 약속의 성령의 역할에 대해서도 설명하신다.

3) 예수님은 자신의 영화(17:1-5)와 제자들(17:6-19)을 위해, 나중에 믿을 사람들(17:20-23)을 위해 기도하시고, 절정에 이르러서는, 완전해지고 자신의 영광을 볼 모든 신자들을 위해 기도하신다(17:24-26).

4) 예수님의 재판과 고난은 그분의 왕권의 본질을 강조한다(18:1-19:42).

5) 예수님의 부활에 관한 요한의 묘사에는 부활하신 예수님이 나타나신 장면이 여럿 포함되어 있으며, 자신의 복음서 집필 목적이 간략히 진술되어 있다(20:1-31).

5. 결어(21:1-25). 요한은 여러 느슨한 결말을 마무리할 뿐 아니라(예. 베드로의 섬김의 역할 회복), 교회의 성장과 은사와 소명의 다양성을 상징적으로 표현한다. 예수님의 위대하심을 우러르는 요한복음의 마무리는 매우 적절하다(21:25).

요한복음의 저자는 누구인가?

공관복음과 마찬가지로 요한복음은 저자의 이름을 명시적으로 밝히지 않는다. 우리가 증명할 수 있는 것은, '요한복음'이라는 책 제목이 네 복음서가 '사중복음'으로 같이 읽히기 시작한 직후부터 붙어 있었다는 사실이다. 이는 의심의 여지없이 다른 복음서와 구분하기 위한 것이었겠지만 처음부터 제목으로 쓰였을 것이다.

증거들을 직시하면, 세베대의 아들 요한이 요한복음을 기록했을 가능성이 매우 높다는 전통적 견해를 지지하게 된다. 이것이 요한복음의 권위에는 아무런 영향을 미치지 않지만(실제로 누가복음도 직접 목격한 사람에 의해 기록되지 않았듯), 요한복음의 배경과 목적에 대한 우리의 이해에는 영향을 준다.

요한복음은 어디에서 기록되었는가?

이 네 번째 복음서에는 요한이 어디에서 이 책을 기록했는지 나와 있지 않다. 일반적으로 알렉산드리아나 안디옥이나 팔레스타인이나 에베소 네 곳이 제시된다. 전통적으로는 에베소에서 기록되었다고 보고, 다른 장소들은 교부들의 지지를 받지 못했다. 요한이 에베소에 살 때 기록했다면, 에베소라는 로마 제국의 일반적인 지역에 사는 독자들을 염두에 두었겠지만, 최대한 널리 읽히기를 바랐을 것이다.

요한복음은 언제 기록되었는가?

주후 55년에서 95년 사이의 어느 때인 것 같다. 기록 연대에 관해 전적으로 설득력 있는 주장은 없지만, 꼭 결정해야 한다면 잠정적으로 주후 80-85년을 제시할 수 있다. 이렇게 말할 수 있는 여러 이유 가운데 하나를 보면, 요한이 자신의 세 편지를 기록하기 전임을 알 수 있다. 세 편지들에서 요한은 초기 형태의 영지주의와 싸우고, 부분적으로는 이 네 번째 복음서의 영지주의적 오해에 대해 대응한다(23장 '요한1·2·3서'를 보라).

요한복음은 누구를 대상으로, 왜 기록되었는가?

요한이 진술한 목적에서부터 시작해야 한다(20:30-31). 요한1서가 명백히 그리스도인을 격려하기 위해 기록된 반면(요일 5:13), 요한복음은 전도를 목적으로 기록된 것으로 보인다. 이러한 인상을 확정할 수 있는 것은, 요한복음 20:31에서 "너희로 예수께서 하나님의 아들 그리스도이심을 믿게 하려 함이요"라는 첫 번째 목적을 분명한 증거로 보여 주기 때문이다. 따라서 네 번째 복음서가 다루는 근본적인 질문은 '예수는 누구인가?'가 아니라 '메시아, 그리스도, 하나님의 아들은 누구인가?'다. 이 맥락에서 후자는 분류가 아니라 정체성에 관한 물음이다. 즉 '그리스도가 누구인가?'라는 질문은 '당신은 어떤 부류의 그리스도에 대해 말하고 있는가?'가 아니라 '당신은 그리스도가 누구인지 안다고 주장하는데, 그렇다면 증명해 보라. 그는 누구인가?'라고 묻는 것이다.

그리스도인은 이미 답을 알고 있기 때문에 그런 질문을 하지 않을 것이다. 그런 질문을 할 사람은 '그리스도'가 무엇을 의미하는지 알고, 모종의 메시아 기대를 품고 있으며, 그리스도인과 대화하며 더 알고 싶어 하는 유대인이나 유대인 개종자일 것이다. 요약하면, 요한복음은 전도의 목적, 특히 유대교로 개종한 사람은 물론 팔레스타인 밖에 흩어져 사는 유대인을 전도할 목적으로 기록되었다.

요한복음은 공관복음과 어떻게 다른가?

차이점

1. 이야기로 된 비유, 변화산 이야기, 성만찬 제정, 다수의 짧은 예수님의 말씀 등, 공관복음의 특징인 예수님의 말씀과 행적 가운데 많은 내용이 요한복음에는 생략되어 있다.
2. 요한복음은 공관복음의 중심 주제, 특히 (천국이라고도 불리는) 하나님 나라라는 주제를 생략한다.
3. 요한복음에는 공관복음에 언급되지 않은 많은 자료들이 담겨 있다. 1-5장의 거의 모든 자료와 예수님의 잦은 예루살렘 방문 및 그곳에서 벌어진 사건들, 나사로를 다시 살리심, 예수님을 하나님과 동일한 분이라고 **드러내 놓고** 밝힌 것(1:1; 18; 20:28), '나는…이다'라고 하신 예수님의 일련의 말씀들(예. 6:35; 8:12, 28, 58; 15:1-5)은 요한복음에만 나온다. 요한복음에는 공관복음에 없는 확장된 대화와 강화들도 담겨 있다.
4. 의심할 여지없이 이런 차이점은 부분적으로 지역에 대한 초점이 다르다는 것으로 설명된다. 요한이 예수님의 남부(유대와 사마리아) 사역을 더 많이 보고한다면, 공관복음은 북부(갈릴리)에 더 초점을 맞춘다. 그러나 모든 차이점을 지역 문제로 축소해서는 제대로 설명할 수 없다.

유사점

요한이 마가복음과 누가복음은 물론 마태복음도 읽었을 가능성이 많지만, (마태와 누가가 마가복음에서 빌려 왔을 가능성이 많은 것과 같은 의미로) 요한이 공관복음에서 자료를 직접 빌려 왔다는 증거는 없다.

1. 병행 사건으로는 세례 요한의 증언대로 성령이 예수님에게 임하신 일(1:32), 세례 요한의 물세례와 메시아의 예상된 성령 세례를 대조한 것(1:23), 5천 명을 먹이신 사건(6:1-15), 예수님이 물 위로 걸으신 일(6:16-21)이 포함된다.
2. 예수님의 많은 말씀들이 최소한 부분적으로나마 유사하다(4:35, 44; 5:29; 10:14-15; 12:39-40 외 다수).
3. 더 중요하지만 미묘한 병행 구절들이 있다. 요한복음과 공관복음 모두 예수님을 대개 자연에서 이끌어 낸 다채로운 은유와 비유를 사용하는 분으로 묘사한다(예. 4:37; 5:19-20상; 8:35; 9:4; 11:9; 10:1이하; 12:24; 15:1-16; 16:21). 사복음서 모두가 예수님을 자신이 하늘 아버지의 아들이라는 독특한 자의식을 갖고 계신 분으로 묘사하고, 예수님의 가르침을 통해 드러내시는 독특한 권위를 주목하며, 다른 사람에 의해서나 다른 사람에게는 적용되지 않는 인자라는 칭호를 예수님이 자신에게 적용하시는 것을 보여 준다.
4. 더 인상적인 것은, 서로 **맞물리는** 전승이 요한복음과 공관복음 여러 곳에 나타난다는 점이다. 요한복음과 공관복음에는 반드시 서로에게서 빌려 왔다고 볼 수는 없지만 상호 보완하거나 설명하는 부분이 많다.

1) 요한복음은 공관복음의 몇 가지 사건을 설명한다. 예를 들어, 예수님이 성전을 허물 것이라 했다는 고발(막 14:58; 15:29)은 요한복음 2:19에만 적절하게 설명되어 있다. 마가복음은 유대 당국자들

이 왜 예수님을 빌라도에게 데리고 갔는지 설명하지 않지만, 요한복음은 그 이유를 밝힌다(18:31). 왜 베드로가 대제사장 집의 뜰에 들어갈 수 있었는지에 대한 설명은 요한복음에만 있다(18:15-18; 참고. 막 14:54, 66-72).

2) 반대로, 요한복음의 수많은 기사는 공관복음에서만 보고된 구체적인 내용들로 설명될 수 있다. 예를 들어, 요한복음 18-19장에서는 재판이 로마 법정 장면으로 매우 빨리 옮겨지기 때문에, 유대인들이 어떤 법적 절차를 밟아 그렇게 했는지 알기가 어렵다. 그 답을 공관복음이 제공한다.

요한복음 7:53-8:11은 본래 요한복음의 일부인가?

간음하다 현장에서 잡힌 여인의 이야기(7:53-8:11)는 거의 확실히 원래 요한복음의 일부가 아님이 거의 확실하다. 현대의 영어 성경들은 이 부분을 다른 본문과 구분하거나 각주로 보내 버리는데, 옳은 일이다. 이 이야기는 실제 우리에게 전해진 모든 초기 헬라어 사본에는 나타나지 않는다.

요한복음은 믿음에 대한 우리의 이해에 어떻게 기여하는가?

요한복음의 신학은 매우 놀라울 정도로 긴밀히 엮여 있어서, 그 요소들을 항목별로 구분하다 보면 어느 정도의 왜곡을 피하기 어렵다. 그럼에도 요한복음의 중요한 기여를 언급하면 다음과 같다.

1. 관점을 풍성하게 함. 같은 이야기를 다른 각도에서 묘사함으로써,

요한복음은 예수님의 초상에 대해 공관복음만으로는 얻을 수 없을 입체적인 깊이를 더한다.

2. 하나님의 아들. 예수님에 대한 그 어떤 말보다도 근본적인 것은, 예수님은 특별하게 하나님의 아들, 또는 단순히 그 아들이시라는 사실이다. 예수님은 기능적으로는 아버지께 종속되어 있고, 아버지가 말하고 행하라고 하시는 것만 말하고 행하신다. 그러나 예수님은 아버지가 하시는 '모든 일'을 행하신다(5:19이하). 예수님은 하나님의 말씀과 행하심을 더도 덜도 드러내지 않으신다.

3. 십자가. 요한복음은 예수님을 아버지를 계시하는 분으로 엄청나게 강조하지만, (영지주의에서 말하는 것처럼) 구원은 단지 계시로만 이루어지지는 않는다. 요한복음의 모든 이야기는 십자가와 부활을 지향한다. 십자가는 단지 계시의 순간이 아니다. 십자가는 하나님의 어린 양의 승리이고(1:29, 35), 세상을 위해 주어진 생명이고(6:25-58), 자신의 양들을 위한 목자의 죽음이고(10:11-18), 자기의 나라를 위한 한 사람의 희생이고(11:50-52), 죽음으로 자신의 생명과 평안과 기쁨과 성령을 주시는 순종하는 아들의 승리다(14-16장).

4. '이미'와 '아직' 사이의 긴장. 신약의 모든 주요 책에는 다음과 같은 긴장이 있다. (1) 하나님이 약속하신 '마지막 날'은 예수님의 사역과 죽음, 부활, 승천을 통해 **이미** 도래했다. (2) 그 소망의 완성은 이 땅에서 **아직** 성취되지 않았고 여전히 오고 있다. 이 긴장을 저자들은 각각 다르게 나타내는데, 요한의 독특한 강조점은 '현재와 미래'라는 주제의 사용과 깊이 관련되어 있다(예. 2:4; 7:6). 그때는 '오고 있으며 이미 왔다'(4:23; 5:25). 예수님은 자신의 평안을 주셨지

만, 우리는 이 세상에서 환난을 당할 것이다(16:33). 예수님이 승천하시고 성령을 주심으로, 우리는 지금 바로 영원한 생명을 소유할 수 있다. 그러나 이것이 미래에 어떤 소망도 없다는 뜻은 아니다(5:28-30).

5. 성령. 성령을 주심으로 예수님은 새 언약의 특징을 가르치신다(3:5; 7:37-39). 예수님은 죽음과 승천의 결과로 보혜사 성령을 주신다(14-16장). 후에 삼위일체 교리라고 불리는 요소들이 요한복음에서 가장 명확히 나타난다.

6. 구약 사용. 요한복음은 한 예로 마태복음만큼 구약을 자주 인용하지는 않는다. 하지만 요한복음의 구약 사용에는 엄청난 양의 암시가 있다는 특징이 있다. 무엇보다도, 예수님이 어떤 면에서 성전, 포도나무, 성막, 뱀, 유월절 등 옛 언약에서 존중받는 표상과 제도들을 대체하신다는 주장이 나타난다는 특징도 있다.

7. 오해. 요한복음은 예수님이 승천하시기 전까지 제자들을 포함해 동시대인에게 오해받으셨음을 어떤 복음서보다 잘 기록한다. 이 점은 옛 언약과 새 언약의 관계를 이해하는 데 매우 중요하다.

8. 하나님의 백성. 요한은 하나님의 백성에 속한다는 것이 무엇을 뜻하는지에 큰 관심을 기울인다. 교회 질서 자체에 대해서는 언급하지 않지만, 선택, 생명, 기원, 본성, 증거, 고난, 결실, 기도, 사랑, 하나님 백성의 하나 됨에 대해서는 많은 내용을 담고 있다.

9. 어휘. 요한복음은 어떤 면에서 비교적 제한된 주제에 대해서는 공관복음보다 심오하다. 이것이 요한이 특정 어휘나 표현(예. 믿다, 사랑, 세상, 보내다, 아버지)을 반복적으로 쓰면서 적은 양의 단어를 사

용하는 주된 이유다.
10. 하나님의 주권과 인간의 책임. 요한은 선택과 믿음과 표적의 기능이 결합된 복잡한 사항들을 반복적으로 탐구한다. 표적을 통한 계시의 결과로 믿음이 나온다면, 표적은 믿음의 정당한 근거로 작동한 것이다(예. 10:38). 반대로 예수님은 표적에 의존하는 이들을 꾸짖으신다(4:48). 보고 믿는 것보다 듣고 믿는 것이 더 낫기 때문이다(20:29). 마지막으로, 믿음은 아들의 주권적 선택(15:16)과 아버지가 아들에게 주신 선물의 일부가 되는 일(6:37-44)에 달려 있다. 이 진리가 바로 줄기차게 복음을 전하고자 하는 책인 요한복음의 핵심이다.

복습과 토의를 위한 질문

1. 공관복음과 비교할 때 요한복음의 특징은 무엇인가?
2. 요한복음의 기록 목적은 무엇인가?
3. '요한복음은 믿음에 대한 우리의 이해에 어떻게 기여하는가?'에서 가장 인상적이었던 점은 무엇인가?

더 깊은 연구를 위한 자료

초급 Andreas J. Kostenberger, *Encountering John* (Grand Rapids: Baker, 1999). 「요한복음 총론」(크리스챤출판사).

D. A. Carson, *The Farewell Discourse and Final Prayer of Jesus* (Grand Rapids: Baker, 1980). 이 책은 *Jesus and His Friends* (Carlisle: Paternoster, 1995)로 개정되었다. 「예수님의 고별설교」(크리스챤 서적).

The Gospel of John. DVD. Directed by Philip Saville (Burbank: Buena Vista Home Entertainment, 2003). 요한복음을 내용으로 하는 3시간짜리 영화로, 대사는 굿뉴스성경을 따른다. 이 영화는 세련되고 멋지고 온건하고 창의적이고 생각을 자극하고 교훈적이고 유익하고 경건하며 이해하기 쉽다.

중급 Craig L. Blomberg, *The Historical Reliability of John's Gospel* (Downers Grove: InterVarsity Press, 2001).

고급 Craig S. Keener, *The Gospel of John*. 2 vols (Peabody: Hendrickson, 2003).

D. A. Carson, *Divine Sovereignty and Human Responsibility* (Atlanta: John Knox, 1981). 이 책은 카슨의 박사 학위 논문을 개정한 것이다.

_____, *The Gospel According to John*. PNTC (Grand Rapids: Eerdmans, 1991).

7장
사도행전

사도행전의 내용은 무엇인가?

사도행전은 교회사 30년을 순식간에 여행하는 것과 같다. 이야기는 예루살렘에서 시작해 유대, 사마리아, 시리아, 구브로, 소아시아의 여러 도시들, 마게도니아, 그리스, 그리고 마지막으로 로마로 전개된다. 사도행전은 설교와 기적들부터 탈옥과 파선까지의 모든 이야기를 증거한다. 베드로(주로 1-12장)와 바울(주로 13-28장) 두 사람이 특히 많이 등장한다. 사도행전은 하나님의 말씀 또는 교회의 성장에 초점을 맞춘 핵심 요약문(6:7; 9:31; 12:24; 16:5; 19:20)을 기점으로 여섯 부분으로 나뉜다.

1. 예루살렘 교회(2:42-6:7)가 따른 교회와 그 사명의 기초(1:1-2:41). 교회와 교회의 사명은 성령 강림을 위해 사도들을 준비시키고 그들에게 세계 선교의 사명을 주신 예수님의 행적과 말씀(1:1-8)에 근거한다. 누가는 예수님의 승천(1:9-11; 참고. 눅 24:50-51), 유다를 대신한 맛디아의 선출(1:12-26), 오순절의 성령강림(2:1-13), 첫 선교 설교

(2:14-41)를 기록한다.

누가는 예루살렘 초대교회의 특징들을 열거하고(2:42-47), 베드로가 성전에서 구걸하던 걷지 못하는 사람을 고친 일을 묘사한다(3:1-10). 이렇게 공개적으로 기적을 행함으로써, 베드로는 또 한 번의 선교 설교를 전할 기회를 얻는다(3:13-26). 산헤드린의 반대가 일어났지만, '예수의 이름으로' 말하지 말라는 산헤드린의 명령을 베드로와 요한은 담대히 거부한다(4:1-22). 성령의 능력을 받은 온 교회는 사도의 지도를 받아, 하나님께 하나님의 말씀을 전할 기회를 달라고 간구한 후 담대히 말씀을 전한다(4:23-31). 그렇다고 모든 것이 완벽하지는 않았다. 아나니아와 삽비라 부부는 초기 공동체의 자발적 나눔에 참여하지만 거짓을 말하고(4:32-37), 하나님은 신속하게 그들을 심판하신다(5:1-11). 사도들의 대중적인 병 고침과 설교 사역(5:12-16)은 다시 한 번 유대 지도자들의 반대를 불러일으키고, 사도들은 다시 체포되어 산헤드린 앞에 끌려 온다. 그러나 당시의 영향력 있는 랍비 가말리엘의 중재로 사도들이 풀려난다(5:17-42). 사도들은 말씀을 전하는 일에 전념하고자 공동체에서 구제를 관장할 일곱 사람을 세운다(6:1-6). 누가는 이 단락을 '말씀이 점점 왕성[했다]'는 말로 요약한다(6:7).

2. 교회의 확산. 스데반과 사마리아와 사울(6:8-9:31). 누가는 사도행전의 이 부분까지 초기의 신자들을 (조금 특이하기는 하지만) 신실한 유대인들로 묘사해 왔는데, 이제부터는 교회가 전통적 유대교의 영역을 건드리는 모습을 보여 준다. 스데반은 성전과 율법에 반하는 주장을 한다는 모함을 받는다(6:8-15). 변론하기 위해 산헤드린

에 선 스데반은 담대히 이스라엘의 역사를 간략히 소개하며, 하나님의 계시는 한 곳에 제한되지 않으며, 산헤드린 공회원들이 성령을 거역하고 있다고 주장한다(7:1-53). 산헤드린은 스데반을 정죄하고 돌로 친다(7:54-60).

스데반의 급진적인 입장으로 인해 초기 기독교 운동에 대한 반대가 촉발되고, '사도 외에는 다' 예루살렘 밖으로 흩어진다(8:1-3). 그러면서 대부분의 유대인들에게 기껏해야 배교자 유대인으로 간주되던 사람들이 거주하던 유대 북쪽 사마리아에 빌립이 복음을 전한다. 사마리아인들이 빌립의 메시지를 믿자, 그들이 참으로 하나님 나라에 받아들여졌는지 확인하기 위해 베드로와 요한이 파송된다(8:4-25). 빌립은 천사의 지시를 받고 남쪽으로 가고, 하나님께서 빌립을 사용하셔서 에디오피아 궁정 관리를 회심시키신다(8:26-40). 마지막으로 누가는 이방인 선교의 개척자로 하나님께 선택받은 다소 사람 사울의 회심과 그의 초기 사역을 이야기한다(9:1-30). 그리고 교회의 성장을 요약하며 마무리한다(9:31).

3. 베드로와 첫 이방인 회심자(9:32-12:24). 누가는 이방인이 그리스도인이 되는 길을 연 베드로의 역할을 묘사한다. 룻다와 욥바에서 베드로가 기적을 행한 후(9:32-43), 하나님은 이방인 로마 군인 고넬료를 교회로 인도하는 데 베드로를 사용하신다. 하나님은 환상과 성령의 직접적인 명령을 통해 고넬료와 베드로를 만나게 하신다(10:1-23). 고넬료의 집에서 선포된 베드로의 복음 설교 속에 하나님의 주권적 역사가 개입한다. 하나님이 매우 분명한 방법으로 고넬료에게 성령을 주셨기에, 베드로는 하나님이 이방인을 진정으

로 교회에 받아들이셨음을 인정할 수 밖에 없었다(10:24-28). 이 일로 베드로는 고넬료가 회심했다는 사실을 의심했던 예루살렘의 유대인 그리스도인들을 다시 확신시킬 수 있었다(11:1-18). 안디옥 교회 안에는 유대인과 이방인이 섞여 있었으므로, 예수님을 믿는 신자들을 그리스도인이라는 새로운 이름으로 불러야 할 필요가 생겼다(11:19-30). 베드로는 감옥에서 기적적으로 탈출하고(12:1-19), 하나님의 사자는 베드로의 체포로 이어진 박해를 시작한 헤롯 아그립바 1세를 죽인다(12:20-23). 누가는 다시 "하나님의 말씀은 흥왕하여 더하더라"는 전환적 요약문으로 끝맺는다(12:24).

4. 이방인을 향하는 바울(12:25-16:5). 바울은 사도행전의 나머지 부분을 주도하는데, 하나님은 그를 이방인에게 복음을 확장하는 선구자로 사용하신다.

1) 하나님의 성령의 인도로, 활력 넘치는 안디옥 교회는 바울을 바나바와 요한 마가와 함께 첫 번째 선교 여행을 떠나도록 파송한다(12:25-13:3). 구브로에서는 로마 총독이 회심한다(13:4-12). 비시디아 안디옥에서 바울의 사역은 전형적인 유형을 보여 준다. 즉 회당에서 유대인들에게 복음을 전하지만 받아들이지 않자, 바울과 동역자들은 즉시 이방인에게로 향하고, 이어지는 유대인들의 박해로 인해 그들은 다른 곳으로 이동한다(13:13-52). 바울 일행은 이고니온(14:1-7)과 바울이 돌에 맞은 루스드라(14:8-20)와 더베에서 사역하며, 각 성에 교회를 세우고, 해안을 따라 자신들의 발자취를 되짚어 가며 새로운 신자들을 독려한다(14:21-28).

2) 안디옥으로 돌아오자마자, 바울 일행이 이방인에게 선교한 사

실로 인해 심각한 논쟁이 벌어진다. 이 문제를 논의하기 위해 개최된 예루살렘 공회는 이방인에게 율법의 짐을 지우지 않고 복음을 전하는 일을 승인하는데(15:1-29), 이는 교회의 성격을 규정하고 교회가 지속적으로 성장하는 데 중대한 역할을 한다. 바울과 바나바는 안디옥에 돌아와 이 기쁜 소식을 전하고 새로운 선교 여행을 계획한다. 그러나 첫 번째 선교 여행을 마치기 전에 집으로 돌아간 요한 마가의 합류 여부를 놓고 발생한 이견으로 인해, 바울과 바나바는 갈라선다. 바나바는 마가를 데리고 다시 구브로로 가고, 바울은 실라와 함께 육로로 시리아와 길리기아를 다니며 첫 번째 선교 여행 때 세운 교회들을 방문한다(15:30-41). 루스드라에서 사역을 위해 디모데를 합류시킨다(16:1-4). 누가는 다시 "여러 교회가 믿음이 더 굳건해지고 수가 날마다 늘어가니라"라는 표현으로 끝맺는다(16:5).

5. 이방 세계로 더 들어감(16:6-19:20). 마게도니아에 복음을 전하도록 하나님의 영이 바울의 발걸음을 인도하신다(16:6-10). 빌립보에서 주님은 루디아의 마음을 여시고(16:11-15), 바울과 실라는 귀신을 쫓아낸 것으로 인해 잠시 감옥에 갇히지만, 하나님이 기적적으로 그들을 구하시고, 바울은 자신들의 석방을 공고히 하고자 로마 시민권을 활용한다(16:16-40). 바울과 실라는 데살로니가로 가지만 박해를 받아 베뢰아와 아덴으로 이동한다(17:1-15). 아덴의 아레오바고에서 바울은 사변적이고 냉소적인 이방인들에게 설교한다(17:16-34).

아덴에서의 결과에 만족하지 않은 바울은 고린도에서 1년 반을 보내며 강론하고, 로마 총독 갈리오 앞에서 자신을 변호하고, 복음 사역을 위해 로마 출신 유대인 부부 브리스길라와 아굴라를 합류시킨다(18:1-17). 세 사람은 고린도를 떠나 에베소로 가고, 바울은 그곳에 브리스길라와 아굴라를 남겨 두고 가이사랴와 안디옥과 소아시아 남부 교회로 향한다(18:18-23). 에베소에 머물며, 브리스길라와 아굴라는 유능한 청년 아볼로의 믿음을 굳건히 세운다(18:24-28). 그 후 바울은 에베소에서 2년 반 동안 사역하며, 세례 요한의 제자 몇 명을 회심시키고, 회당과 서원에서 설교하고, 기적을 베풀며, 에베소에서 유명한 귀신 숭배와 맞선다(19:1-19). 누가는 다시 "이와 같이 주의 말씀이 힘이 있어 흥왕하여 세력을 얻으니라"라고 정리한다(19:20).

6. 로마를 향하여(19:21-28:31). 세 번째 선교 여행 중에 바울은 로마로 가고자 결심하는데(19:21-22), 이는 앞으로 누가의 이야기를 이끌어 가는 핵심이다. 에베소에서 바울을 쫓아내려는 소동이 일어나고 얼마 후 바울은 그곳을 떠난다(19:23-41). 바울은 마게도니아와 그리스에 있는 교회들을 다시 방문하지만, 그를 죽이려는 계획 때문에 왔던 경로를 통해 유대로 되돌아가기로 한다(20:1-6). 돌아오는 길에 드로아에 들러 말씀을 전하고, 밀레도에서는 에베소 교회의 장로들과 만난다(20:7-38). 예루살렘에 도착하면 체포될 것이라는 경고를 접하고, 두로와 가이사랴를 거쳐 예루살렘으로 돌아온다(21:1-16). 경고는 곧 현실이 된다.

예루살렘에 있는 유대인 그리스도인들을 위해 성전에서 결례 비용을 치르고 그 결례에 참여함으로써 '유대에 대한 자신의 애국심을 나타내려던' 바울의 의도는 역풍을 맞는다(21:17-26). 어떤 유대인들은 바울이 이방인들을 성전에 불러들였다고 생각해 소동을 일으키고, 곧 로마 군인들이 개입한다(21:27-36). 바울은 체포되는데, 호송되기 전에 군중에게 변론할 기회를 얻는다(21:37-22:22). 바울의 로마 시민권은 다시 한 번 유용하게 쓰여, 유대 산헤드린 앞에서도 자신의 입장을 표명할 기회를 얻는다(22:30-23:10). 바울을 죽이려는 유대인들의 계획에도 불구하고, 주님은 바울이 로마에서도 자신의 믿음을 증거하게 될 것이라는 확신을 주신다(23:11-15). 유대인들의 살해 위협으로 인해 바울은 가이사랴로 옮겨져 로마 총독 벨릭스 앞에서 자신을 변호한다(23:16-24:27). 바울이 가이사랴 감옥에서 2년 동안 수감 생활을 한 후, 베스도가 벨릭스의 후임으로 부임하고, 바울은 가이사에게 항소한다(25:1-12). 그러나 떠나기 전, 바울은 베스도와 그의 손님인 아그립바 2세와 왕의 여동생 버니게 앞에서 자신의 신앙을 다시 한 번 변호한다(25:13-26:32). 배를 타고 로마로 가던 도중, 광풍이 일어 바울과 일행은 멜리데 섬에서 3개월간 머문다(27:1-28:10). 마침내 로마에 당도한 바울은 자신을 지키는 군인과 함께 자신의 집에 거하며 자유롭게 복음을 전한다(28:11-31). 로마의 한 집에 구금된 채 2년간 복음을 전하는 바울의 모습과 함께 복음의 확장을 기록한 누가의 여행도 끝이 난다.

사도행전의 저자는 누구인가?

엄밀히 말해 누가복음과 사도행전의 저자는 익명이지만, 이 책들의 저자가 누가인 것은 거의 확실하다. 이를 뒷받침하는 증거 중 하나는, 네 단락에서 통상적인 3인칭 서술(예. '그가', '그를', '그들이', '그들을')이 1인칭 복수 서술(예. '우리가', '우리를')로 바뀐다는 점이다(16:8-17; 20:5-15; 21:1-18; 27:1-28:16). 사도행전의 저자가 자신이 전하는 이 단락의 사건 현장에 있었고, 이를 일기나 여행 보고서로 간직해 사도행전에 포함했다고 보는 것이 자연스럽다. 저자는 이 단락들에서 언급된 바울의 동역자는 아니었을 것이다. 그리고 그가 바울과 함께 로마까지 동행했고, 바울이 2년간 가택 연금 중일 때도 바울과 함께했을 것이기 때문에, 우리는 바울이 그 기간 동안 쓴 편지(골로새서, 빌레몬서, 에베소서, 그리고 아마도 빌립보서)에서 그를 언급했을 가능성이 있다고 추측할 수 있다. 바울이 언급한 이들은 마가, 유스도, 에바브라, 데마, 누가, 두기고, 디모데, 아리스다고, 에바브로디도다.

사도행전 밖의 증거를 볼 때 가장 가능성 있는 후보는 누가다. 초대 교회의 견해도 바울의 동료이자 사도행전의 저자가 '사랑받는 의사' 누가라는 데 모두 일치한다. 안타깝지만, 그의 배경에 대해 알려진 것은 많지 않다(5장의 '누가복음의 저자는 누구인가?'를 보라).

사도행전은 언제 기록되었는가?

오늘날 대부분의 학자는 사도행전의 연대를 주후 80년대 또는 그 이후로 간주하는데, 이렇게 연대를 늦게 설정하는 근거는 설득력이 없을 뿐 아니라 가정에 기반한 것이다. 60년대 중반으로 보는 것이 증거에 훨씬 더 부합한다.

어떤 학자들은 사도행전의 갑작스러운 결말이 저작 연대를 60년대 초로 볼 수 있는 확고한 근거라고 주장한다. 바울이 로마의 셋집에서 2년간 구금되어 있을 때 누가가 사도행전 집필을 마쳤다는 사실이 그러한 갑작스러운 결말을 가장 단순하고 자연스럽게 설명해 준다는 주장이다. 하지만 갑작스러운 결말이 사도행전의 기록이나 발간 연대에 대한 **결정적인** 정보를 제공하지는 않는다.

사도행전은 누구를 대상으로, 왜 기록되었는가?

누가복음처럼 사도행전도 누가의 기록을 발간하는 데 필요한 비용을 제공했을 데오빌로를 수신인으로 한다. 그러나 누가가 한 사람보다는 더 많은 청중을 염두에 두고 기록했음은 거의 확실하다.

누가는 다음과 같은 여러 목적을 위해 사도행전을 기록했다.

1. 확신을 주려 함. 누가복음과 사도행전이 두 권으로 된 같은 책이라면, "알고 있는 바를 더 확실하게 하려 함이로라"라는 누가복음 1:4은 사도행전에도 적용된다.
2. 유대인과 이방인을 화해시키려 함. 베드로와 바울이 마치 교리적으로 사실상 서로 반대였던 것처럼 생각해, 그 둘 사이의 조화를 **조작해 내려고** 사도행전을 기록했다고 보는 견해는 잘못이다. 오히려 누가는 유대인 그리스도인과 이방인 그리스도인 사이에 긴장이 지속되는 것을 알았을 것이고, 그래서 베드로와 바울이 믿음의 기초에 있어 본질적으로 일치함을 보여 주려고 했다.
3. 기독교를 전하고 변증하려 함. 누가는 여러 편의 복음 전도 설교를 정리하고, 초기 설교자들이 행한 기적들을 이야기하고, 사도행

전의 거의 4분의 1을 할애하여 바울의 재판과 변론에 대해 자세히 기록한다(22-28장). 그는 믿지 않는 사람들을 전도하고, 회의적인 로마인의 시각에서 기독교를 변호하려는 것 같다. 혹은 로마 배경을 지닌 새로운 회심자들이 자신의 새로운 믿음과 로마의 정치적·사회적 정체성 사이의 관계를 잘 이해하는 데 도움을 주려 했을 것이다. 누가-행전의 다양한 특징들을 통해, 우리는 그가 이방인 그리스도인을 대상으로 이를 기록했음을 알 수 있다.

4. 그리스도인을 교화하려 함. 누가복음의 **첫째** 목적은 하나님의 계획이 예수님 안에서 어떻게 성취되고 초대교회 안에서 어떻게 지속적으로 펼쳐지는지를 그리스도인에게 가르치는 것이다. 누가가 의도한 독자는 전에 하나님을 경외하던 사람, 즉 유대교로 개종하지 않았지만 유대교에 깊이 공감하던 고넬료(행 10장) 같은 이방인이었을 것이다. 그들은 그리스 로마 세계의 수많은 종교적·철학적 선택지 중에서 (특히 유대교와는 매우 대비되는) 기독교가 어떤 위치에 있는지 궁금했을 것이다. 누가는 기독교의 역사적 토대를 기술하고 교회가 성경 역사의 절정임을 보여 줌으로써 그 그리스도인들을 교화한다. 하나님의 구원은 구원의 메시지를 사도들에게 맡기신 예수 그리스도 안에서 계시되었고, 예수 그리스도를 통해 주어졌다. 이제 그리스도인은 성령의 능력과 인도를 받아 '땅 끝까지' 구원의 메시지를 전하게 되었다(1:8; 13:47).

사도행전의 장르는 무엇인가?

사도행전이라 알려진 책은 초기 기독교 역사에서 누가복음의 제2권에 해당한다. '행전'은 고대 세계에서 잘 알려진 형태의 글로, 사람이나 도시의 위대한 행적을 기술하는 책이다. 사도행전은 교회가 세워져 가는 사건들을 기술하고, 그 대부분을 사도들을 묘사하는 데 할애하기 때문에 적절한 제목이다. 그러나 누가 자신의 강조를 생각하면, 누가가 '성령 행전' 또는 "예수께서 행하고 가르치기 위해 지속하신 일"(1:1을 보라)이란 제목을 선호했을지도 모른다. 어쨌든 '행전'은 전문적 문학 양식을 일컫는 이름은 아니었다. 대부분의 학자는 사도행전의 문학 장르가 (전기인 누가복음과는 대조적인) '역사'라는 데 동의한다.

사도행전은 믿음에 대한 우리의 이해에 어떻게 기여하는가?

1. 신뢰할 만한 역사. 사도행전은 교회의 탄생과 성장에 관한 실제 역사적 사건들을 서술한다. 이 역사는 필수적인데, 이 역사 없이는 오순절 성령 강림, 스데반의 순교, 초기 예루살렘 교회의 생활, 사마리아인과 이방인에게 복음이 처음으로 전해진 경위에 대해 알 수 없기 때문이다. 바울의 삶과 선교 여행에 대한 지식도 거의 없어, 그의 서신과 신학을 이해하기가 더 어려웠을 것이다. 그렇다면 사도행전은 역사적으로 믿을 만한가?
1) 고대 최고의 역사가들은 사실을 보고하는 데 매우 높은 기준을 갖고 있었지만, 고대의 역사적 기준은 사실에 입각한 정확성에 있

어 우리 시대와는 달랐다. 따라서 근대의 역사가들과는 조금 차이가 있었다.

2) 사도행전은 고대의 다른 자료들과 비교해도 결코 손색이 없다. 1세기의 사회·정치·지리 등에 대한 지식과 다른 고대 역사가들이 기록한 사건 보고와 바울의 역사와 신학에 대한 서술, 이 세 가지 면에서 사도행전은 인상적일 만큼 정확하다.

3) 사도행전에 나타난 설교 모두가 누가의 문체로 기록되었다는 사실이 설교의 신뢰성을 떨어뜨리지는 않는다. 누가는 말 그대로 기록하지 않고 자신의 언어로 풀어 썼다. 사도행전의 많은 설교가 본래 아람어로 기록되었기 때문에, 누가의 번역이 필요했음을 고려하면 이해가 된다. 게다가 누가가 기록한 거의 모든 설교는 실제로 누가의 요약보다 훨씬 길었다. 오늘날 뉴스처럼, 설교를 다른 말로 바꾸어 표현하거나 요약한다 해도 여전히 그 내용은 정확하게 전달된다.

2. 하나님의 말씀

1) 성취. 누가는 사도들이 선포한 하나님의 말씀을 예수님이 가르치고 성취하신 말씀과 조심스럽게 연결한다. 예수님이 탄생하시던 날 밤 천사들이 유대의 한 언덕에서 처음 선포했던(눅 2:10-12) 구원이 마침내 로마 제국의 수도에 전파됨에 따라, '하나님의 말씀'은 누가의 두 책을 하나로 묶는다. 누가는 구약의 구속사가 그리스도 안에서 어떻게 절정에 이르고, 성령의 인도를 받은 사도들을 통해 그분으로부터 새로운 국면, 즉 하나님 백성으로서의 교회로 흐르는지를 보여 준다. 그리고 '우리 중에 이루어진 사실'(눅 1:1)을 구약

의 구속사의 연속으로 제시한다. 이로써 믿음은 역사 속에서 행하신 하나님의 행위에 굳건히 근거하며, 우리가 믿는 메시지가 하나님이 주신 것과 똑같은 메시지임을 그리스도인들에게 확신시킨다. 2) 능력. 하나님의 말씀에는 능력이 있다. 계속해서 누가는 교회의 성장과 힘이 하나님 말씀의 역동적인 활동에서 온다고 말한다. 사도들은 어디를 가든 하나님의 말씀을 선포했다. '하나님의 말씀을 받았다'는 말은 '그리스도인이 되었다'는 말의 다른 표현이다(11:1). 누가가 통상 전환적인 요약문을 통해 하나님의 말씀이 '왕성하고', '흥왕하고', '두루 퍼지니라'고 표현하는 점이 특히 주목할 만하다 (6:7; 12:24; 13:49; 19:20). 누가에게 하나님의 말씀은 특별히 그리스도를 통한 하나님의 은혜로운 구속에 관한 메시지다. 그리스도인이 하나님의 능력 있는 말씀의 신실한 증인이 될 때, 비로소 영적 변화가 일어난다.

3. 하나님의 계획. 하나님의 계획의 성취는 누가복음과 사도행전에서 대단히 중요한 주제다. 누가복음은 이스라엘에게 하신 하나님의 약속(1:32-33, 54-55, 68-79)이 예수님의 사역과 죽음과 부활 사건 속에서, 그리고 궁극적으로는 마지막 때 하나님 백성을 만드시는 사건 속에서 곧 성취될 것이라고 선포한다. 사도행전은 '땅 끝까지' 구원을 이루시려는 하나님의 계획이 그분의 종 메시아의 죽음과 교회의 계속되는 증언을 통해 어떻게 성취되는지 보여 준다. 누가는 누가복음에서처럼 사도행전에서도 신적 필연성(행 1:16, 21; 3:12; 4:21; 9:16; 14:21; 17:3; 19:21; 23:11; 27:24), 천사의 개입(5:19, 21; 12:7-11, 23; 27:23-24), 환상(10:10-16; 16:9; 18:9; 22:17-21), 성경의 성취(1:20;

2:16-21, 25-28, 34-35; 3:22-23; 4:11, 25-26; 7:48-49; 8:31-35; 13:33-37, 40-41, 47; 15:15-18; 17:2-3; 26:22-23; 28:25-27) 같은 하나님의 계획을 선포한다.

누가는 예수님이 십자가에 달리신 일(예. 2:23; 4:27-28; 13:27)과 하나님의 백성에 이방인도 포함된다는 것(예. 10:1-16; 13:47; 15:15-18), 이 두 사건이 하나님의 계획에 근거함을 보여 주는 데 특별히 정성을 쏟는다. 두 사건은 초대교회가 구속사를 해석하는 데 결정적일 뿐 아니라 논쟁적인 요소들이었다.

4. 미래의 시작. 초기 그리스도인은 '마지막 날'이 그리스도와 성령의 오심과 함께 시작되었다고 이해했다. 구약 예언서에서 '마지막 날'은 하나님이 당신의 백성을 구원하시고 원수들을 심판하심으로 당신의 약속을 성취하시는 때를 일컫는다. 누가는 심판의 날과 궁극적 구원이 미래의 일임을 분명히 했지만(참고. 3:21; 10:42), 초기 그리스도인이 이 '마지막 날'을 살고 있음을 드러내는 데도 특별한 관심을 기울인다(예. 2:16-17 외 다른 구약 인용들).

5. 구원

1) 이미와 아직. 사도행전에서는 누가복음의 주요 주제인 구원을 계속 다룬다(행 2:21; 47하; 4:12; 5:31; 13:23, 26, 47; 16:31; 28:28). 처음에 제자들은 구원이 이스라엘의 지상 왕국을 회복하는 것이라 생각했다(1:6). 예수님은 이를 명확히 부인하지는 않으시지만, 사도들의 증언에 대한 누가의 강조는 하나님 나라의 구원하시는 능력이 복음이 선포될 때 주어지는 죄 용서를 통해 실현됨을 암시한다.

2) 진전. 누가는 구원 메시지의 연속성을 명확히 하면서도, 그 메

시지로부터 새로운 함의가 점진적으로 펼쳐짐을 드러낸다. 초기 그리스도인은 예수님이 약속된 메시아이고 따라서 메시아의 시대가 동텄음을 믿는 유대인이었다. 유대인 그리스도인은 계속해서 성전에서 예배했고, 율법과 그에 입각한 제도에도 충실했다. 하나님이 새 일, 곧 율법이 더 이상 중심 역할을 하지 않고, 이방인도 유대인과 동일하게 하나님의 복을 누리는 새 일을 행하고 계심을 분명히 보여 주시자, 교회는 비로소 그런 유대적 관점에서 벗어나 점점 더 보편적인 관점으로 나아갔다. 사도행전 28:25-29에 나타난 바울의 선언에서 절정을 이룬 이 진전, 곧 믿지 않는 이스라엘이 고집스럽게 예수 메시아 받아들이기를 거절했고, 그래서 하나님의 구원이 이를 받아들이는 이방인에게 주어졌음을 묘사한다.

6. 바울. 바울은 교회의 보편화를 가능케 한 주된 도구다. 그는 구원 역사에서 새로운 시대의 기초를 놓는 일에 결정적 역할을 했다. 그러나 바울을 지나치게 추켜세우지 않도록 주의해야 한다. 누가-행전의 주인공은 예수님이시기 때문이다.

7. 성령

1) 누가는 누가복음과 사도행전에서 성령의 역할을 다음과 같이 병행해 설명한다. 예수님의 사역 초기에 성령이 예수님에게 기름 부었던 것처럼, 교회 사역 초기에 성령은 교회에도 능력을 부여하신다. 예수님은 성령의 능력으로 기사와 이적을 행하시고, 사도들도 성령의 능력으로 사람들을 치유한다. 누가복음과 사도행전 모두에서 성령이 사건들을 주도하신다.

2) 사도행전은 특히 성령의 예언적 활동에 집중한다. 성령은 초기

그리스도인이 증언하도록 용기를 주고(예. 4:8, 31; 7:55; 13:9), 사도들의 사역 방향을 인도하신다(8:29, 39; 11:12; 13:2; 16:6, 7; 20:22). 사도행전 2:17에서 베드로가 "내가 내 영을 만민에게 부어 주리니 너희 자녀들이 장래 일을 말할 것이며"라는 요엘 2:28을 인용한 것이 핵심이다.

3) 사도행전의 여러 중요한 곳에서 성령이 사람에게 임하신다. 베드로의 오순절 설교에 반응한 사람들(2:38)과 회심한 사마리아인들(9:15-17)과 고넬료와 그의 가족(10:44)도 성령을 받는다. 성령을 받는 것은 (믿음과 회개와 물세례와 더불어) 마지막 날에 나타날 하나님 백성의 표지 중 하나다(11:15-17; 15:8-9).

8. 하나님의 백성. 그리스도인으로 하여금 '우리는 누구인가?'라는 질문에 답할 수 있도록 돕는 것이 사도행전에 나타난 누가의 가장 근본적 목적일 것이다. 교회사 2천 년이라는 세월로 인해, 이 질문이 최초의 신자들에게 기본적으로 얼마나 중요했는지 제대로 이해하지 못할 수 있다. 유대인만이 신실하다고 여기던 시기에, 사람들은 그리스도인을 메시아의 정체성에 대해 유별난 생각을 품고 있는 여러 유대인 분파 중 하나로 생각했을 것이다. 그러나 사마리아인과 이방인이 이 계획 속에 포함되자 더 이상 기독교를 유대교와 동일시할 수 없었다. 기독교는 물론 옛것과 연속성이 있었지만, 그와는 다른 새로운 것이었다. 따라서 이 새로운 무리를 지칭하는 새 이름, 곧 그리스도를 따르는 사람이라는 뜻의 '그리스도인'이라는 호칭이 만들어졌어야 했다(11:26).

복습과 토의를 위한 질문

1. 사도행전의 내용을 한 문장으로 요약하라.
2. 사도행전의 문학 장르는 누가복음과 어떻게 다른가?
3. 누가는 사도행전을 왜 기록했는가?
4. 사도행전이 없다면 구속사를 이해하는 데 어떤 것이 부족하겠는가?
5. 사도행전은 당신의 전도 및 선교 활동에 어떤 동기를 부여하는가?

더 깊은 연구를 위한 자료

초급 Ajith Fernando, *Acts*. NIVAC (Grand Rapids: Zondervan, 1998). 「NIV 적용주석 사도행전」(솔로몬).

John R. W. Stott, *The Message of Acts*. BST (Downers Grove: InterVarsity Press, 1990). 「BST 사도행전 강해」(IVP).

중급 I. Howard Marshall, *The Acts of the Apostles*. TNTC (Grand Rapids: Eerdmans, 1980). 「틴데일 성경주석 사도행전」(CLC).

Richard N. Longenecker, "Acts." pp. 663-1102 in *Luke-Acts*. EBC 10 (Grand Rapids: Zondervan, 2007). 「엑스포지터스 성경연구 주석 사도행전」(기독지혜사).

고급 David. Peterson, *Acts*. PNTC (Grand Rapids: Eerdmans, 2009).

8장
신약의 서신들

신약성경 27권 중 여섯 권을 제외한 모든 책이 편지이고 이는 본문 전체의 35퍼센트에 해당한다. 왜 편지인가?
1. 편지는 멀리서도 소통할 수 있는 편리한 방법이었다.
2. 사도들이 멀리 있는 자신의 양 떼를 목양할 수 있도록, 멀리서도 인격적 현존을 가능하게 해주었다.

그리스 로마 세계에서의 신약 서신들

편지는 그리스 로마 세계에서 이미 대중적 소통 수단이었다. 전형적인 편지는 다음 세 부분으로 구성되었다.
1. 서두의 수신인과 문안은 보통 매우 짧으며, 전형적으로 'A가 B에게 문안한다'는 형식이다. 반면에 대부분의 신약 서신은 수신인이 길고, 안부 인사인 '카이레인'(*chairein*: 문안)을 발음이 비슷한 '카리스'(*charis*: 은혜)로 대체한다. 고대의 편지들은 종종 건강을 기원하는 말

로 시작하는데, 대체로 신약 서신들의 감사 또는 축복과 상응한다.
2. 가장 긴 부분인 본문은 특정한 형식이 없다. 내용도 집필 목적에 따라 다양하다.
3. 결론은 인사말과 함께 끝난다. 신약 서신들에는 보통 송영이나 축도를 덧붙인다.

신약 서신들은 고대 편지들과 비슷하지만, 유사성은 매우 일반적인 특성뿐이다. 고대 편지들은 널리 읽히려고 주의 깊게 집필한 수사학적 수작부터 '돈을 보내 달라'는 짧은 메모까지 그 범위가 넓다. 신약의 서신들은 전체적으로 중간쯤에 위치하며, 어떤 편지는 좀더 문학적인 목적(예. 로마서와 히브리서)을, 어떤 편지는 좀더 일반적인 목적을 지향한다(예. 빌레몬서와 요한3서).

대필자를 사용함

문서 작성 재료가 아주 귀하고 사람들의 읽고 쓰는 수준이 낮았기에, 많은 고대의 편지는 훈련된 대필자나 비서가 받아썼다. 예를 들면, 바울은 로마서를 더디오에게 받아쓰게 했다(롬 16:22). 마지막 인사는 통상적으로 편지를 구술한 사람이 손수 작성했다(살후 3:17과 갈 6:11을 보라). 확인할 길은 없지만, 신약 서신 대부분이 이런 식으로 작성되었을 것이다.

단어 선택에 있어 구술자가 대필자에게 부여한 재량의 정도는 대필자의 솜씨와 구술자와 대필자 사이의 관계에 따라 달랐을 것이다. 신약 저자들은 항상 편지의 내용과 정확성을 점검했을 것이다.

가명과 위명 저작

가명 저작(pseudonymity)과 위명 저작(pseudepigraphy)은 실제 저자가 자신의 작품을 다른 사람의 것으로 돌리는 행위를 뜻한다.

1. 가명 저작. 문제의 작품을 사실과 다르게(*pseud-*) 이름 붙이는 것(*onoma*)을 말한다. 예를 들면, 디모데전후서와 디도서의 저자는 바울로 명명되어 있으나, 그 편지들을 가명 저작으로 생각하는 사람들은 바울이 실제로 그 편지들을 썼다고 보지 않는다.
2. 위명 저작. 문제의 작품을 사실과 다르게(*pseud-*) 귀속시키는(*epigraphos*, 표제) 것을 말한다. 예를 들면, 에베소서는 바울의 저작으로 귀속되지만, 에베소서를 위명 저작으로 생각하는 사람들은 바울이 실제로 그것을 썼다는 점을 부인한다.

안타깝게도 대다수의 현대 학자는 신약의 몇몇 책을 가명 저작으로 본다. 에베소서와 목회서신과 베드로후서가 위명 저작이라는 데 학자들의 견해가 광범위하게 일치한다. 골로새서와 데살로니가후서와 베드로전서를 위명 저작으로 보는 학자들도 있다.

예비적 관찰

1. 위명 저작은 고대 세계에서 흔히 있던 일이다.
2. 가명 저작을 저자에 대한 공식적 주장이 없는 익명 저작(anonymity)과 혼돈해서는 안 된다. 예를 들면, 히브리서와 복음서들은 익명 저작에 해당한다.
3. 동기가 선하든 악하든, 실제 저자에 의해서든 후대의 역사적 우연

에 의해 개진되었든, 가명 저작에는 저자 이름을 사실과 다르게 붙이는 모든 경우가 포함된다. 예를 들면, 마크 트웨인과 같은 필명도 가명 저작에 포함된다.

4. 모든 문학적 위조는 위명 저작이지만, 모든 위명 저작이 문학적 위조는 아니다. 문학적 위조는 속일 의도를 가지고 저술되거나 변조된 작품이다. 신약성경들의 진정성에 대한 논쟁은 실제 저자의 **동기**와 관련이 있는데, 저자로 지칭된 사람의 이름이 처음부터 본문에 포함되어 있을 만큼 본문들이 매우 이른 시기에 기록되고 매우 안정되었기 때문이다. 위명 저작의 동기는 다음과 같다.

1) 순전한 악의.

2) 돈.

3) 자신들이 거짓이라고 알고 있는 입장을 지지하기 위함

4) 자신들이 진실이라고 판단하는 입장을 지지하기 위함. 이는 창시자가 높이 존경받던 고대 '학파'에서 특히 그렇다. 자신들의 이름으로 작품을 발간하는 대신, 추종자들은 창시자의 이름으로 자신들의 작품을 출간하고자 했다(예. 피타고라스).

5) 겸손. 자신의 저술이 매우 훌륭해서 고대의 성경 영웅들의 저작으로 돌릴 수 있고 또 그래야만 한다는 생각은 이상한 겸손이므로, 이는 아마도 거짓 겸손일 것이다.

6) 저술을 발간하고 널리 읽히고자 하는 강한 욕망.

성경 밖의 증거

1. 유대 문헌에서는 주전 3세기 중엽부터 주후 3세기까지 위명 저작

문서가 자주 나타나는데, 그중 많은 수가 에녹1서처럼 광의의 '묵시'라는 문학 장르에 속한다. 유대인들 사이에서 위명 편지는 극히 드물었다.
2. 가명의 기독교 작품들은 주후 2세기 중엽 즈음부터 증가하기 시작했다. 위대한 기독교 지도자들과 자주 연관되었다(예. 베드로묵시록).
3. 신약 가운데 가명 저작은 **없다**는 교부들의 의견을 모든 증거들이 결정적으로 그리고 일관되게 지지한다.

신약성경 내의 증거

많은 학자가 순전히 다음과 같은 **내적** 근거를 들어 특정 문서의 위명적 특징을 밝히려고 한다. 내적 근거로는 시대착오(1776년에 작성된 편지에 컴퓨터가 언급되는 것 같은), 저자의 확인된 저작들에는 나타나지 않는(혹은 매우 다르게 사용되는) 단어나 표현이 많이 쓰이는 경우, 확인된 저작들의 관점과 상충하는 사상이나 강조점이 나타나는 경우 등이 있다.

학자들은 이런 증거들을 다양한 방식으로 '짜 맞추고', 각각에 대해 비중을 매우 달리 둔다. 이 논의에 두 가지 다른 내적 증거를 언급할 필요가 있다.

1. 데살로니가후서의 저자는 자신의 이름으로 저술된 위작들을 알고 있었다. 그래서 그는 독자들에게 "영으로나 또는 말로나 또는 우리에게서 받았다 하는 편지로나…쉽게 마음이 흔들리거나 두려워하거나 하지 말아야 한다"고 경계한다(살후 2:1-2). 그리고 자신이 보낸 것이라고 주장하는 편지의 진위를 구분하는 서명이나 표지를 가르쳐 준다(3:17).

1) 바울이 이 서신의 저자가 아니라면, (많은 학자들이 생각하는 것처럼) 가명 저자가 다른 가명 저자들을 정죄하는 이상한 상황에 처한다. 즉 위조문서를 정죄하는 위조문서인 것이다.

2) 반대로 바울이 저자라면, 그 사도는 자신이 가명 저작을 알고 있다는 점을 명확히 하고 그러한 행위(적어도 사람들이 그의 **이름을 사용하는 행위**)를 정죄하는 것이다.

2. 초기 그리스도인은 소중하게 생각하는 저작들에 사도들의 이름을 붙이려는 욕구가 그리 크지 않았던 것 같다. 신약성경 절반 이상에는 저자의 이름이 없다(복음서, 사도행전, 히브리서; 요한1·2·3서에 나오는 '장로'조차도 매우 명시적이지 않다). 문서에 내포된 진리와 성령께서 문서 저작자에게 역사하셨다는 증거로 말미암아 확신이 있었으므로, 사도의 이름을 굳이 저자로 붙일 필요가 없다고 판단했음이 분명하다. 그러나 마가복음의 배후에 베드로가 있듯, 사도와 어느 정도 느슨하게라도 연결되어 있는 것은 분명히 도움이 되었다. 왜 저자들이 무명 저작이라는 강력한 전통을 버리고 자신의 글에 자신의 이름이 아닌 다른 이의 이름을 넣었는지는 가명 저작론 지지자들이 설명해야 할 몫이다.

현대의 학설들

신약의 서신들의 가명 저작과 위명 저작에 대해서는 다음 여러 학설이 있다.

1. 어떤 학자들은 **신약성경의 어떤 책들은 제목이나 저자가 잘못되어 있으며 기만적인 위작이라고** 본다. 이 견해를 지지하는 사람들은

신약에 문학적 위조 사례가 많다고 확신하기 때문에, 이런 결론에 당황하지 않는다. 그래서 그들은 가상의 베드로후서 가명 저자를 위선자로 간주한다. 베드로후서가 베드로 사도에 의해 기록된 것으로 생각하도록 독자들을 속이려 한 것이 분명하다는 것이다.

2. 다른 학자들은 **제목이나 저자가 잘못되어 있는 신약 저술은 없다**고 주장한다. 그들도 위명 저작에서 속임수가 작용하는 경우가 아주 잦다는 사실을 알지만, 보편적으로 교회가 그런 속임수를 조금도 받아들이지 않았음을 상기한다. 신약의 문서들은 사도가 저자라고 분명히 주장한다. 신약의 문서들이 가명 저작이라면, 저자들은 윤리적으로 비난받아 마땅한 방식으로 의도적으로 속인 것이다. 신약 문서의 성격을 고려할 때, 그러한 견해는 믿을 만하지 못하다. 예를 들어, 에베소서에서 저자는 자신이 이전에 문서나 구두로 사역한 것(3:3-4)과, 자신의 매임과, 바울의 사역에 동참한 다른 사람의 사역을 위해 준비한 것(예. 두기고, 6:21-22) 등을 언급한다. 바울은 실제로 독자들에게 자신의 필요를 위해 기도해 달라고 부탁한다(6:19-20). 에베소서가 가명 저작이었다면, 바울은 이미 죽은 셈인데 말이다! 그러면서도 독자들에게 거짓을 버리고 참된 것을 말하라고 권면하기까지 한다(4:25; 참고. 4:15, 24; 5:9; 6:14). 표면적으로는 위명 저작으로 보이는 다른 신약 문서에도 비슷한 논리를 적용할 수 있다. 문서들을 액면 그대로 받아들이는 것이 더 현명해 보인다.

3. 최근 몇 년 동안 **중재적 입장들**이 개진되었다.

   1) 성령이 표면적인 저자와 실제 저자 사이의 간격을 없애셨기 때

문에, 누가 저자인지는 중요하지 않다는 주장이 있다. 그러나 이 주장은 거짓 예언이 있었다는 점을 무시하고, '영감을 받았다'는 이 예언자들이 진위가 불확실한 **역사적** 주장을 했다는 사실을 간과한다.

2) 오늘날 가장 널리 수용되는 중재적 입장은 일종의 '학파' 이론일 것이다. 이를 지지하는 사람들은 어떤 신약 문서들이 가명 저작이라는 다수의 견해에 동의하면서도, 그 저작이 실제로 표면적 저자의 것이 아니라는 사실을 교회나 저자의 **학파 내에서** 알 만한 사람들은 모두 알았기 때문에 속임수가 아니라고 주장한다. 그러나 이 주장은 문제를 해결하기보다 더 어렵게 만든다.

요약하면, 일부 신약 문서들의 독자 대상이 그 문서들이 가명 저작임을 알았기에 속임수가 아니라는 견해를 정당화할 유례를 찾으려는 시도는 실패로 판명되었다. 확실한 증거에 따른다면, 일부 신약 문서들은 가명으로 저술되었고 실제 저자들이 독자를 속이려 했다고 결론 내리거나, 실제 저자들은 진리를 말하려 했으며 신약에 가명 저작이 나타나지 않는다고 결론 내려야 할 것이다.

복습과 토의를 위한 질문

1. 신약의 서신들이 고대의 서신과 비슷한 점은 무엇인가?
2. 오늘날의 비서와 고대 대필자는 어떤 점에서 유사한가?
3. 가명 저작과 위명 저작은 익명 저작과 어떻게 다른가?
4. 당신은 신약에 가명 저작이 있다고 보는가? 왜 그런가?

더 깊은 연구를 위한 자료

초급 D. A. Carson, "Reading the Letters." pp. 1108-1114 in D. A. Carson, R. T. France, J. A. Motyer, and G. J. Wenham (eds.), *New Bible Commentary: 21st Century Edition*. 4th ed.(Downers Grove: Inter Varsity Press, 1994). 「IVP 성경주석」(IVP).

고급 Peter T. O'Brien, *The Letter to the Ephesians*. PNTC (Grand Rapids: Eerdmans, 1999). 특히, pp. 37-47.

Richard Longenecker, "On the Form, Function, and Authority of the New Testament Letters." pp. 101-114, 376 in D. A. Carson and John D. Woodbridge(ed.), *Scripture and Truth* (Grand Rapids: Zondervan, 1983).

9장
신학자 사도 바울

바울은 주로 그리스도 안에 있는 하나님의 은혜를 해석하고 적용함으로써, 교회를 세우고 성장시키는 데 중요한 역할을 했다. 바울이 쓴 책 열세 권은 신약의 거의 4분의 1 분량이며, 거의 그에 관한 이야기에 할애된 사도행전 13-28장을 포함하면, 바울은 신약의 약 3분의 1을 차지한다.

바울의 배경

바울의 배경을 살피는 것은 그를 이해하고 그가 한 말들을 더 정확히 해석하는 데 도움을 준다. 바울은 그의 편지 곳곳에서 자신의 배경을 간략하게 언급하는데, 기본적인 역사적 사항은 사도행전 22:1-21과 26:2-23에 나오는 바울의 설교에서 볼 수 있다.

1. 출생. 바울은 소아시아 다소 출신의 시민으로 태어났다(행 21:39; 22:3). 그가 나면서부터 로마 시민이었다는 사실이 더 중요한데(행 22:28), 이는 로마 제국에서도 비교적 소수만 누릴 수 있는 특권이었다. 바

울의 로마 시민권은 로마 제국에서 선교 사역을 하는 데 중요하고 시의적절한 자격이었다(참고. 행 16:37-39; 22:23-29; 25:10-12).

2. 성장. '이 성에서 자라[났다]'(행 22:3)고 한 바울의 말은 그가 어린 시절을 예루살렘에서 보냈음을 뜻하는 것 같다. '히브리인 중의 히브리인'(빌 3:5; 참고. 고후 11:22)인 그와 그의 부모는 철저히 팔레스타인 유대인이었다. 바울의 배경은 그의 신학에 영향을 미칠 정도였다. 주로 팔레스타인 유대인이라는 배경이 큰 영향을 미쳤고, 헬라적 배경은 부차적이었다.

3. 교육. 바울은 유대교의 '가장 엄격한 파'인 영향력 큰 바리새파의 철저하고 열심 있는 구성원이었다(행 26:5; 참고. 22:3; 갈 1:14; 빌 3:5-6). 바리새파는 기록된 법인 모세의 율법을 해석하고 보완하기 위한 일련의 규정인 '구전 법'('장로들의 전통', 막 7:3)에 막대한 관심을 기울였다. 바울은 유명한 유대 학자 가말리엘 1세 문하에서 교육받았고(행 22:3), 유대교를 향한 열심으로 초기 기독교 운동을 박해했다(예. 행 22:4상; 26:9-11; 갈 1:13; 빌 3:6).

4. 회심. 기독교를 박해하던 바울은 다메섹으로 가는 도중에 예기치 않게 부활하신 예수님을 만난 후, 그리스도를 전하는 대표적인 설교자가 되었다(행 9:3-6; 22:6-11; 26:12-15; 갈 1:15-16). 이 사건과 그 의미는 바울 신학의 많은 부분을 형성하는 데 근본적인 역할을 했다. 그의 회심은 갑작스럽고 극적이었다. 그전까지 바울이 유대교 신앙에 만족하지 못했거나 하나님을 더 깊이 경험하고 싶어 했다는 암시는 어디에도 없다. 그의 회심은 또한 사역으로의 부르심이었으며(행 9:15; 22:15; 26:15-18; 갈 1:16), 특히 이방인에게 복음을

전하라는 부르심이었다(갈 1:16; 살전 2:4; 롬 1:1, 5; 15:15-16).

바울의 선교 사역과 연표

바울 서신은 종종 그의 초기 생애와 과거 여행과 미래 계획 등을 언급하지만, '바울의 생애'를 구성하는 데 필요한 정보를 제공하지는 않는다. 이해할 만한 일이다. 결국 바울은 특정 문제들을 다루기 위해 편지를 썼고, 그 문제를 해결하는 데 꼭 필요하거나 특정 상황을 위해 기도를 요청할 때에만 자신의 경력을 언급한다. 전통적으로 바울의 선교 사역의 개요는, 사도행전에 기록된 역사적으로 믿을 만한 누가의 이야기를 통해 제공된 더 상세하고 순차적인 자료와, 그 전반적 구도에 들어맞는 바울 서신을 바탕으로 구성되었다. 다음의 표는 바울의 선교 사역 연대기를 정리한 것이다.

바울의 선교 사역 연표

바울의 생애		신약
주후 34-35년 (또는 그 이전)	회심(행 9:3-6; 22:6-11; 26:12-15; 갈 1:15-16)	
35-37년	다메섹과 아라비아 사역 (행 9:19하-25; 고후 11:32-33; 갈 1:17)	
37년	1차 예루살렘 방문 (행 9:26-30; 갈 1:18-19)	
37-45년	다소와 길리기아 사역 (갈 1:21-24)	
45년 또는 46년 또는 47년	2차 예루살렘 방문 (행 11:27-30; 갈 2:1)	

46-47년 또는 47-48년	1차 선교 여행 (행 13:1-14:28)	46-48년	야고보서
48년 또는 49년	예루살렘 공회 (행 15:1-29)	48년(예루살렘 공회 직전)	갈라디아서
48년 또는 49-51년	2차 선교 여행(행 15:36-18:22; 참고. 고후 11:7-9; 빌 4:15-16; 살전 2:2; 3:1)	50년 50년 말 또는 51년 초	데살로니가전서 데살로니가후서
52-57년	3차 선교 여행(행 18:23-21:15; 참고. 고전 16:8; 고후 2:12-13)	55년 초 56년 57년	고린도전서 고린도후서 로마서
57-59년	예루살렘에서 체포되고 가이사랴에 구금됨 (행 21:15-26:32)	50년대 중반-60년대 초(에베소에서 기록되었을 경우)	빌립보서
59-60년	로마로의 항해 (행 27:1-28:10)	50년대 말-60년대 어느 시점	마가복음
60-62년	1차 로마 투옥 (행 28:11-31)	60년대 초	빌레몬서, 골로새서, 에베소서
62-64년	동방 사역(참고. 초기 교부들의 저술들)	62-63년	베드로전서
64-65년	2차 로마 투옥 및 죽음 (참고. 딤후 4:6-8)	60년대 초중반	디도서, 디모데전서, 디모데후서
		65년 직전	베드로후서
		60년대 중반	사도행전
		60년대 중후반	유다서, 누가복음
		70년 얼마 전	히브리서, 마태복음
		80-85년	요한복음
		90년대 초	요한1·2·3서
		95-96년	요한계시록

바울의 권위와 바울 사상의 근원

바울 서신들을 보면, 그가 자신을 온전한 사도적 권위를 지닌 하나님의 부름받은 사도로 인식했음을 알 수 있다. 그러므로 바울이 종종 자신과 예수님의 가르침을 구분하는 것을 보면 혼란스럽다(예. 고전 7:6, 10, 12; 고후 11:17). 그러나 바울은 자신의 가르침에 권위가 부족하다는 뜻을 내비치지 않는다. 왜냐하면, 자신이 '주의 명령'(고전 14:37)을 기록하기 때문이라는 것이다. 바울은 예수님이 지상 사역 동안 가르치셨던 것과 지금 자신을 통해 가르치시는 것을 구분하는 것이다.

바울의 가르침에는 적어도 여섯 개의 원천이 있다.

1. 계시. 바울의 복음은 "사람에게서 받은 것도 아니요…그리스도 예수의 계시로 말미암은 것"이었다(갈 1:12). 이 '계시'는 삶을 변화시킨 다메섹 도상에서의 단 한 번의 경험을 통해 예수님이 바울에게 복음의 **본질**을 드러내신 것을 가리킨다(참고. 갈 1:15-16).

2. 다른 그리스도인. 바울은 자신의 가르침에 나타난 역사적 사항과 같은 **상세한 사항들**을 다른 그리스도인에게서(참고. 갈 1:18) '받았다'(고전 15:1-5). 그는 기독교 찬송(예. 빌 2:6-11) 같은 초기 기독교 전승들을 받아들였을 것이다.

3. 지상의 예수님. 비록 예수님의 죽음과 부활 외에 그분의 사역에서 일어난 사건이나 가르침을 거의 언급하거나 인용하지 않지만, 분명 바울은 단순 인용 횟수가 의미하는 것 이상으로 예수님의 가르침을 많이 사용했다. 더 중요한 것은 바울의 신학이 예수님의 가르침과 일치한다는 점이다.

4. 구약. 바울 서신은 90회 이상 **구약**을 명백히 인용했으며, 구약을 암시하는 경우도 많았다. 구약은 바울의 사상을 형성했고, 예수님의 구약 성취는 바울이 구약을 해석한 렌즈였다.
5. 헬라 세계. 바울은 **헬라 세계**를 잘 알고 있었고, 복음을 표현하고 명확히 설명하기 위해 헬라의 언어와 개념들을 사용했다.
6. 유대교. 바울의 사고 세계 형성에 결정적 영향을 미친 것은, 그가 유대인으로 교육받았다는 사실이다. 그는 자신을 '히브리인 중의 히브리인'이요 열심 있는 바리새인으로 묘사했다. 바울은 그 시대 유대교의 맥락에서 구약을 배웠지만, 회심을 통해 자신의 신앙을 재평가하게 되었다. 이어서 말할 '새 관점'(New Perspective)은 바울이 유대교적 배경에 진 빚의 복잡성과 의미에 관한 논쟁이다.

바울과 유대교에 대한 '새 관점'

1세기 유대교는, 바울의 유대인으로서의 성장 그리고 다양한 유대적 관점과 유대-기독교적 관점과의 상호작용을 통해, 바울 신학의 발전에 중대한 역할을 했다. 이런 상호작용은 로마서와 갈라디아서에서 가장 뚜렷이 나타나지만, 바울 서신 전체에서 다양한 수준으로 나타난다. 따라서 바울 서신을 정확히 해석하려면, 바울 시대의 유대교가 어떤 모습이었는지 아는 것이 매우 중요하다.

'새 관점'이란 무엇인가?
'새 관점'에 대한 최근 논쟁에 대한 배경을 이해하려면, 그 역사를 아주 간략하게나마 그려 볼 필요가 있다. 16세기의 종교개혁자들, 특히 마르틴 루터와 장 칼뱅은 바울의 유대교를 이해하는 전통적인 방식에 결정적인 영향을 끼쳤다. 종교개혁자들은 당시 로마 가톨릭 교회의 구원론에 들어 있는 모종의 율법주의적 요소들에 반작용하면서, 같은 종류의 율법주의를 갈라디아서 같은 편지들에서 바울이 반대했던 유대교 안의 율법주의에서도 발견했다. 그들은 바울 시대의 유대인들은 사람이 '율법의 행위', 즉 율법에 순종함으로써 하나님의 은혜와 복을 받으려는 공로 행위를 통해 하나님께 올바른 신분을 얻는다는 일종의 '행위-의'라는 입장을 고수했다고 믿었다. 바울은 이러한 율법주의에 대항해, 어떤 공로 행위도 배제한 믿음으로, 오직 그리스도가 완성한 사역을 믿음으로만 하나님 앞에 의롭다 함을 얻을 수 있다고 주장했다. 종교개혁자들은 바울의 이 주장을 수용해 **오직 믿음**(sola fide)과 **오직 은혜**(sola gratia)로 의롭게 된다고 선포했던 것이다.

1977년 E. P. 샌더스(Sanders)가 「바울과 팔레스타인 유대교」(Paul and Palestinian Judaism)라는 획기적인 책을 출간해 문제를 제기하기 전까지, 대부분의 학자는 유대교에 대한 종교개혁자들의 견해를 수용했다. 샌더스는 유대교는 율법주의가 아니라 율법(nomos)에 근거한 언약, 즉 '언약적 신율주의'(covenantal nomism)를 특징으로 한다고 주장한다. 유대인의 구원은 하나님이 그들을 선택하시고 언약을 맺으셨다는 사실에 근거했다. 유대인들은 구원받기 위해 율법을 지킬 필요가 없었다. 이미 구원받았기 때문이다. 그들이 율법을 지킨 이유는 자신들의 언약적 신분을 유지하기 위해서였다. 유대인들은 구원으로 '들어가기'(율법주의) 위해서가 아니라, 구원 안에 '머물기'(신율주의) 위해 율법을 지켰던 것이다.

유대교에 대한 이러한 새로운 견해는 바울과 어떤 관계가 있는가? 샌더스는 바울이 언약적 신율주의를 거부했다고 주장한다. 바울이 율법과 그 기초인 언약을 통해서가 아니라 오직 그리스도 안에서만 구원을 발견할 수 있다고 믿었기 때문이라는 것이다. 1세기 팔레스타인 유대교에 대한 샌더스의 이해에 동의한 사람들을 포함해 대부분의 학자는 이러한 대응에 만족하지 않았다. 가장 만족스럽고 대중적인 제안은 제임스 던(James D. G. Dunn)에게서 나왔고, N. T. 라이트(Wright) 등 많은 학자가 이 주장을 이어 갔다.

'새 관점'이라는 표현을 처음으로 사용한 던은, 바울이 반대한 것은 구원을 자기 민족만으로 제한하고 이방인을 포함시키지 않으려 했던 유대인들의 성향이라고 주장한다. 바울이 반대한 것은 개인적 율법주의가 아니라 유대교의 민족적 배타주의였다는 말이다.

바울에 대한 던의 견해와 전통적 해석 사이의 차이점은 로마서 3:20("그러므로 율법의 행위로 그의 앞에 의롭다 하심을 얻을 육체가 없나니 율법으로는 죄를 깨달음이니라") 같은 본문을 상충되게 해석하는 데서 분명히 드러난다(참고. 롬 3:28; 갈 2:16; 3:2, 5, 10). 종교개혁자들은 이 구절이 '행위'로 의롭게 된다는 '행위-의'를 공격한다고 생각하는 반면, 던은 이 구절이 할례와 안식일과 음식 규정 같은 특정한 관습 등 유대 율법을 충실하게 지켜서 언약적 지위를 유지함으로써 의롭게 된다는 유대인들의 민족적 배타주의를 공격한다고 생각한다.

던과 그의 추종자들은 바울 읽기의 새로운 방법을 제시한다. '바울에 대한 새 관점'은 일반적으로 다음 세 가지 경향으로 정리된다.

1. 바울의 신학을 구원 역사 '이야기'의 배경에서 읽는다(N. T. 라이트

가 대표적이다). 그 결과 전통적으로 개인적 경험의 관점에서 해석된 바울 서신의 많은 신학적 범주들을 이스라엘과 하나님 백성의 집단 경험으로 국한시킨다.
2. '믿음'과 '행위'를 대립하는 두 가지 구원의 수단으로 본 종교개혁자들의 근본적인 대조를 축소하거나 제거하기까지 한다. 사람이 어떻게 구원받는가가 아니라 새로운 구원의 시대에 이방인이 어떻게 하나님의 백성이 되느냐가 바울의 대조가 보여 주는 핵심이다.
3. 칭의에 대한 바울의 가르침이 수직적인 것(하나님 앞에서의 인간)에서 수평적인 것(하나님 백성 안에서 유대인과 동등한 동반자로서의 이방인)으로 이동된다.

이러한 면에서 '새 관점'은 오직 믿음과 오직 은혜로 하나님 앞에서 의롭다 함을 얻는다는 종교개혁 신학의 특징을 심각하면서도 잠재적으로 손상시킬 수 있는 도전을 제기한다.

새 관점에 대한 반응

바울에 관한 새 관점은 유대교에 대한 전통적 학계의 편향된 시각을 바로잡는 데 몇 가지 중요한 기여를 했다. 바울 당시의 유대인은 전통적으로 묘사된 것보다 확실히 덜 율법적이었다. 샌더스는 유대인의 삶과 사고의 기초인 언약의 중요성을 바르게 강조했다. 유대인은 하나님이 은혜로 자신들을 선택하셨기 때문에 스스로를 특별한 백성이라 생각했다. 의심의 여지없이 많은 유대인은 율법 준수를 이 언약이라는 맥락에서 이해했다. 그들은 율법 준수를 통한 어떤 특별한 공로도 주장하지 않았고, 샌더스가 역설했듯이 이를 하나님 백성으로서의 신분을 유지하는 수단으로 여겼다. 대체로 바울의 사상과 가르침의 유대교적 모체에 관심을 돌리게 하는 새 관점의 전반적 경향은 환영할 만하다. 전통적인 바울 연구는 거의 배타적일 만큼 사람이 어떻게 구원받는가에 집중했지, 새로운 구원의 시대에 어떻게 이방인이 하나님의 백성으로 받아들여질 수 있는지에 대해서는 간과했다.

그럼에도 샌더스의 유대교 해석과 '새 관점'은 지나친 반동이다. 샌더스의 '언약적 신율주의'에는 몇 가지 조건이 필요하다.

1. 언약적 신율주의는 1세기 유대교 내의 유일한 구원 이해가 아니었다. 샌더스의 연구 방법에는 심각한 결함이 있다. 기존의 모든 신학적 자료들이 언약적 신율주의를 가르쳤다 해도, '일상의 유대인' 중에 상당한 정도의 율법주의가 여전히 존재했다고 말할 수 있다. 유대교가 분명 그랬던 것처럼, 순종을 강조하는 모든 신앙은 (오해나 교육 부족에 기인하겠지만) 순종을 하나님이 반드시 보상해 주셔야 하는 공로로 간주하는 사람들을 양산할 가능성이 있다. 율법을 훨씬 덜 강조하는 기독교도 그러한 신봉자들을 만들어 내고 있지 않은가. 신약성경이 암시하듯, 1세기 유대교도 그랬을 것이다.

2. 샌더스와 그의 추종자들은, 유대인들의 율법 준수의 출발점은 이스라엘과 맺은 하나님의 언약이었다는 잘못된 가정에 근거해 1세기 유대교를 해석한다. 당시 많은 유대교 분파가 번성했는데, 어떤 분파에게 '하나님의 백성에 들어가는 것'은 단순히 언약에 계시된 하나님의 은혜에 관한 것만이 아니었다. 거기에는 사람의 행위도 포함되었다.

3. 실제로 1세기 유대인들에게 구원은 은혜와 행위 모두를 통한 것이었

고, 바로 그 둘의 조합을 바울이 여러 구절에서 공격하는 듯 보인다.

궁극적으로, 바울과 유대교의 관계에 대한 포괄적 설명인 새 관점을 거부해야 할 가장 중요한 근거가 하나 있다. 이 관점이 경쟁 관계에 있는 다른 학파보다 핵심 본문에 대해 더 나은 해석을 제공하지 못한다는 것이다.

1. 새로운 구원의 시대에 이방인이 어떻게 하나님의 백성으로 받아들여질 수 있는지에 대한 바울의 주장에 담긴 일부 뉘앙스와 함의를 종교개혁자들이 놓쳤을 수도 있다. 그러나 그들이 바울에게서 하나님의 구원으로 들어가는 수단인 믿음과 행위 사이의 핵심적 대립점을 파악한 것은 옳았다.
2. 언약적 정체성과 하나님의 백성으로의 가입이라는 측면에서 칭의를 재정의하려는 시도는 주객이 전도된 것이다. 칭의 언어는 본래 하나님과 사람의 올바른 관계(수직적)를 의미한다. 사람이 하나님의 백성에 들어가는 것(수평적)은 칭의의 부차적 결과다.

복습과 토의를 위한 질문

1. 바울의 상황을 이해하는 것이 그의 편지를 이해하는 데 어떻게 도움이 되는가? 구체적인 예를 들어보라.
2. 바울의 선교 사역 연표를 통해 얻을 수 있는 유익은 무엇인가?
3. 바울의 가르침에 영향을 미친 여섯 가지 원천 가운데 어떤 부분이 가장 중요하다고 생각하는가? 그 이유는 무엇인가?
4. '바울에 대한 새 관점'은 무엇이며, 새 관점에 어떻게 반응해야 하는지 설명해 보라.

더 깊은 연구를 위한 자료

초급 John B. Polhill, *Paul and His Letters* (Nashville: Broadman & Holman, 1999).

중급 F. F. Bruce, *Paul: Apostle of the Heart Set Free* (Grand Rapids: Eerdmans, 1977). 「바울」(크리스챤다이제스트).

고급 Frank Thielman, *Theology of the New Testament* (Grand Rapids: Zondervan, 2005). pp. 219-479. 「신약신학」(CLC).

Stephen Westerholm, *Perspectives Old and New on Paul* (Grand Rapids: Eerdmans, 2004).

Thomas R. Schreiner, *Interpreting the Pauline Epistles* (Grand Rapids: Baker, 1990).

_____, *Paul, Apostle of God's Glory in Christ* (Downers Grove: InterVarsity Press, 2001). 「바울신학」(은성).

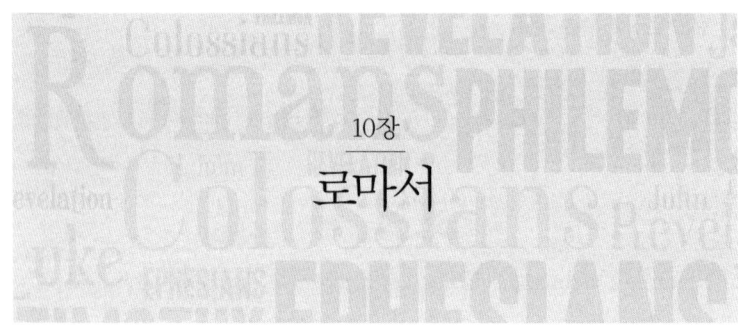

10장
로마서

로마서의 내용은 무엇인가?

로마서는 바울의 편지 중 가장 길며 가장 중요한 가르침을 담고 있다.
1. 서론(1:1-17)은 복음은 믿음으로만 경험할 수 있는 하나님의 의의 계시(1:16-17)라는 서신의 주제 선언으로 전환되며 끝난다.
2. 복음은 믿음으로 말미암는 하나님의 의(1:18-4:25)다. 모든 사람을 사로잡은 죄라는 사슬은 믿음을 통한 선물로 경험할 수 있는 하나님의 행위로만 끊을 수 있다(1:18-3:20). 하나님 앞에 죄 없다고 인정받는 것은 하나님 아들의 희생을 통해서만 가능하다(3:21-26). 이러한 칭의는 아브라함 이야기가 분명히 보여 주듯이(4:1-25), 믿음으로만 얻을 수 있다(3:27-31).
3. 복음은 현 지상에서의 삶과 미래에 있을 심판으로부터 구원하시는 하나님의 능력이다(5:1-8:39). 칭의의 결과는 하나님과의 화평과 심판 날에 그분께 인정받을 것이라는 확실한 소망이다(5:1-11). 이 소

망은 아담의 죄의 결과를 뒤집으신 그리스도와 신자의 관계에 근거한다(5:12-21). 그리스도인은 이 세상 영역의 세력, 곧 죄(6:1-23)와 율법(7:1-25)과 사망과 육신(8:1-13)과 담대히 싸워야 한다. 성령은 그리스도인이 하나님의 자녀이며 영화를 경험하게 될 것이라는 확신을 주신다(8:14-39).

4. 복음과 이스라엘의 관계는 하나님의 의를 변호할 필요라는 문제를 제기한다(9:1-11:36). 언약의 특권이 이스라엘에서 교회로 이동한 것은 하나님이 이스라엘과의 약속을 저버리셨다는 뜻인가? 확신하건대 그렇지 않다(9:1-6상).

1) 하나님의 약속은 모든 이스라엘 백성이 태어나면서부터 구원받았음을 보장하기 위함이 아니다(9:6하-29).

2) 이스라엘 백성은 그리스도 안에 있는 하나님의 의를 받아들이는 데 실패했다(9:30-10:21).

3) 바울 같은 어떤 이스라엘 백성은 구원받는다(11:1-10).

4) 구원이 이방인에게 이른 것은 오직 이스라엘을 통해서이며, '온 이스라엘이 구원을 받[을]' 때 이스라엘을 향한 하나님의 약속은 완전히 성취될 것이다(11:11-36).

5. 복음은 삶을 변화시킨다(12:1-15:13). 하나님의 은혜는 사랑에서 우러난 여러 형태의 희생적 섬김을 불러일으킨다(12:1-21). 그리스도인은 정부의 합법적 요구나, 이웃을 자신같이 사랑하라는 말로 요약되는 명령을 무시해서는 안 된다(13:1-14). 믿음이 강한 그리스도인과 연약한 그리스도인은 음식에 대한 규정과 의식을 따르는 데 있어 서로의 의견을 존중하고 인내해야 한다(14:1-15:13).

6. 결론부에서 바울은 자신의 상황과 여행 계획을 설명하고, 로마 그리스도인에게 문안하며, 거짓 예언자들을 경고하고, 사적인 언급을 한 후 축도로 끝맺는다(15:14-16:27).

로마서의 저자는 누구인가?

로마서에는 바울이 기록했다고 나오며(1:1), 이에 대해 별다른 이의가 없다. 더디오가 바울을 대필해 기록했을 것이다(16:22).

로마서는 어디에서 기록되었는가?

바울은 예루살렘과 로마와 서바나를 방문하려고 한다(15:22-29). 자신이 개척한 이방인 교회들에서 모은 헌금을 예루살렘의 유대인 그리스도인에게 전하길 바라고(15:25-27, 30-33), 로마를 향한 여정을 서바나에 가는 길에 잠시 들르는 것으로 간주한다(15:24, 28; 참고. 15:19-20). 바울이 로마서를 기록한 때는 3차 선교 여행이 끝나 가는 시기였음이 분명하기 때문에(행 19:21; 20:16), 고린도가 가장 유력한 기록 장소일 것이다(행 20:3과 고후 13:1, 10; 참고. 롬 16:1-2, 23과 고전 1:14).

로마서는 언제 기록되었는가?

로마서의 기록 연도는 바울이 그리스에 3개월 동안 머문 시기에 따라 달라질 수 있는데, 그 시기는 바울의 삶과 사역 연대를 어떻게 추정하느냐와 관련되어 있다. 가장 가능성 높은 연도는 주후 57년이다(9장의 표를 보라).

로마서는 누구를 대상으로 기록되었는가?

바울은 "로마에서 하나님의 사랑하심을 받고 성도로 부르심을 받은 모든 자에게" 편지를 쓴다(1:7; 참고. 1:15). 로마 교회의 기원이나 바울이 로마서를 기록할 당시의 교회 조직에 대한 결정적 자료는 아무것도 없다. 오순절에 회심한 유대인(행 2:10)이 최초로 로마에 복음을 가져갔을 것이라는 견해가 가장 가능성이 높다. 유대인 그리스도인이 로마에서 잠시 추방당했을 때, 기독교에 끌리게 된 이방인이 그 교회를 이어받았던 것 같다. 나중에 교회로 돌아온 유대인 그리스도인은 분명 소수였을 것이고, 다수가 된 이방인파에게 약간의 무시를 당했을 것이다.

바울의 청중에 대해서는 적어도 세 가지 가능성이 있다.

1. 전체 또는 다수가 유대인 그리스도인
2. 전체 또는 다수가 이방인 그리스도인
3. 유대인과 이방인이 섞여 있음

두 번째가 첫 번째보다 나아 보이지만(참고. 1:5-6), 세 번째일 가능성이 가장 높다(1:7). 바울의 청중 가운데는 분명 이방인이 있었는데(1:13; 11:13), 16장에서 바울은 유대인 그리스도인에게도 인사를 전한다. '믿음이 연약한 자들'(14:1-15:13)은 유대인 신자의 한 분파로 보인다.

로마서는 왜 기록되었는가?

바울이 이렇게 진지한 신학적 편지를 로마 교회에 보낸 목적은 무엇이었을까? 로마서는 명시적으로 기록 목적을 밝히지는 않는다. 로마서의 목적을 알 수 있는 유일한 방법은 바울의 상황에 비추어 로마서를 살펴보는 것이다. 바울의 저술 동기에 대한 견해들은 바울 또는 로마의 그리스도인 공동체가 처한 상황 중 하나를 강조하려는 경향이 있다.

바울의 상황

바울 개인의 상황을 기록 목적의 결정적인 요인으로 보는 견해는 바울의 관심의 초점을 어디로 보는가에 따라 몇 가지로 나뉜다.

1. 서바나. 어떤 학자들은 로마서의 주된 기록 목적이 로마 그리스도인과 관계를 맺음으로써 서바나에서 새로운 교회를 세우는 사역에 경제적인 도움을 받으려는 것이었다고 본다(15:24-29). 하지만 이것이 바울의 우선적 목표였다면, 15장보다 훨씬 앞에서 서바나에 대한 언급이 있었어야 한다. 바울이 왜 율법과 복음, 유대인과 헬라인에 관한 구원 역사를 거슬러 올라가는 관점에서 신학적 주제를 엄선하여 다루는지를 이 견해는 제대로 설명하지 못한다.

2. 갈라디아/고린도. 바울이 갈라디아와 고린도의 유대주의자와 갈등하는 과정에서 다룬 유대교 문제에 대한 자신의 숙성된 견해를 나누려는 것이 로마서의 주된 기록 목적이라고 주장하는 학자들도 있다. 일부 옳기는 하지만, 이 견해는 바울이 이 신학 논문을 왜 로마에 보냈는가라는 결정적인 질문에는 답하지 못한다.

3. 예루살렘. 또 다른 학자들은 바울이 모금한 헌금을 들고 예루살렘에 도착했을 때 거기서 할 연설을 '미리 연습'하려는 목적이 있었다고 본다(15:30-33을 보라). 앞의 두 견해에 적용되었던 반론을 여기에도 적용할 수 있다. 이 견해는 (1) 로마서의 기록 목적을 바울이 도입과 결론 부분에서 강조한 로마를 방문하고 싶은 간절한 마음과 분리시키고, (2) 왜 바울이 이 신학적 논문을 로마에 보냈는지를 설명하지 못한다.

로마 그리스도인의 상황

다른 견해는 로마 그리스도인의 상황, 특히 바울이 특정한 문제를 마음에 둔 듯한 로마서의 특정 부분을 강조한다(14:1-15:13). 그 부분에서 바울은 서로 용납하지 못하는 '믿음이 약한' 자(주로 유대인 그리스도인)와 '믿음이 강한' 자(주로 이방인 그리스도인) 두 무리를 책망하는데, 점점 줄어드는 소수 유대인 그리스도인을 점점 교만하게 대하는 이방인 그리스도인에게 책망의 초점을 맞춘다. 그들은 이 본문을 로마서의 중심부라고 주장한다.

로마에 있는 그리스도인 공동체의 분열을 치유하는 것이 편지를 쓴 목적 중 하나이긴 하지만, 주된 목적은 아닌 듯하다. 왜냐하면 자신의 신학을 실제로 적용하기 위해 바울이 왜 14장까지 기다렸는지 이해하기 어렵고, 1-11장의 내용이 14:1-15:13까지의 권면의 기초로 작용하지 않으며, 로마 교회의 특정한 필요들을 자신이 다른 편지에서 한 것만큼 다루지 않기 때문이다.

다양한 목적

로마서의 기록 목적은 앞에서 제안한 것들 중 어떤 것으로 국한되지 않는다. 바울이 로마서를 기록한 데는 여러 목적이 있었다고 보는 것이 더 나을 것 같다. 여러 가지 요소가 뒤섞여 바울의 선교적 상황이라 부를 만한 것을 형성했고, 이런 상황에서 바울은 로마서를 기록했을 것이다. 복합적인 상황이 작용하여, 바울은 특히 구원과 (유대인과 이방인, 율법과 복음, 옛 언약과 새 언약의 연속성과 불연속성 같은) 역사적 문제와 관련하여 복음에 대한 자신의 이해를 드러내는 편지를 주의 깊게 기록하게 되었다.

다음과 같은 상황을 들 수 있다.

1. 과거 갈라디아와 고린도에서의 갈등
2. 예루살렘으로 다가오는 위기
3. 서바나 사역을 위한 선교 기지 확보 필요성
4. 복음에 관해 분열된 로마의 그리스도인 공동체를 일치시키는 것의 중요성
5. 그의 신학이 반율법적이고 반유대교적이라는 오해에서 비롯된 공격(3:8을 보라).

로마서의 장르는 무엇인가?

로마서는 종종 모든 세대의 그리스도인을 위한 초시간적인 논문으로 간주되지만, 특정 상황에 처한 특정 독자를 위해 기록된 문서다(1:1-17; 15:14-16:27). 간단히 말해 로마서는 편지다.

그러면 어떤 종류의 편지인가? 고대의 편지는 멀리 떠나 있는 자녀가

돈을 보내 달라는 짧은 요구부터 많은 사람에게 읽히려는 긴 글까지 종류가 다양하다(8장을 보라). 바울의 서신은 일반적으로 이 양극단의 중간에 해당하지만, 로마서는 범위에 있어(에베소서는 예외로 하고) 다른 서신보다 훨씬 긴 편에 속한다. 로마서는 바울이 복음의 내적 논리를 따라 신학적 주장을 공식적이고 조직적으로 전개한 논문이다. 바울은 1-13장에서는 로마의 그리스도인 공동체의 특정한 상황이나 개인에 대해 일체 언급하지 않는다.

로마서는 믿음에 대한 우리의 이해에 어떻게 기여하는가?

로마서에는 하나의 주제가 아니라, 여러 주제 속에 반복되는 동기들이 있다고 볼 수 있다. 그럼에도 한 주제만 택해야 한다면 '복음'을 들 수 있다.

1. 복음. 로마서의 '중심' 주제가 무엇인가에 대해서는 의견이 분분하다. 시간이 흐르면서 초점이 다음과 같이 서론부에서 결론부로 이동하는 경향이 있다. 믿음으로 말미암는 칭의(1-4장), 그리스도와의 연합과 성령의 역사(6-8장), 구원 역사와 그 속에서의 유대인과 이방인의 관계(9-11장), 연합을 위한 실제적 권고(14:1-15:13)다. 간혹 수정되기도 했지만, 이 네 가지가 현재 학계에 남아 있는 견해다.

   1) 복음과 '복음을 전하다'라는 동사가 전체적 주제를 언급할 가능성이 높은 서론부와 결론부에 많이 나온다.

   2) 종종 (아마도 타당하게) 로마서의 주제문으로 불리는 1:16-17에서 가장 중요한 단어는 '복음'이다.

   3) 로마서의 기록은 바울의 선교적 상황에서 비롯되었기 때문에,

복음에 중점을 두는 것이 매우 자연스럽다.
2. 신학적 초점. 로마서가 초시간적인 바울 신학의 요약판은 아니지만, 로마서는 신약의 거의 모든 책보다 1세기의 특정 상황과 훨씬 덜 연결되어 있다. 또 복음 해설이 매우 체계적이고 오늘날의 독자도 쉽게 접근할 수 있게 되어 있다.
3. 연속성과 불연속성. 로마서는 초대교회가 직면했던 가장 중요한 주제인 이스라엘과 교회 사이의 연속성과 불연속성의 문제를 다룬다. 로마서는 **기독교** 신학의 토대를 위한 기초 건축 재료를 제공한다.
4. 개인적 구원. 바울의 복음에는 유대인과 이방인의 관계에 관련된 중요한 함의가 있다. 그러나 로마서 1-8장에서는, 바울의 복음이 죄 아래 갇혀 예수 그리스도를 통해서만 얻을 수 있는 구속을 필요로 하는 개인을 대상으로 함을 분명히 보여 준다.
5. 칭의. 이신칭의는 바울이 제시하는 복음의 중요한 구성 요소다. '의롭게 되는' 것은 하나님과 올바른 관계에 있다고 선언되는 것이다. 이 말은 하나님 쪽에서의 순전한 은혜의 선언이기 때문에, 죄인은 오직 믿음으로만 의롭다 함을 받을 수 있다고 바울은 로마서에서 역설한다. 현대의 신학적 풍토는 여러 지점에서 '이신칭의'에 대한 이러한 종교개혁적 이해에 도전을 가한다. 그러나 로마서를 주의 깊게 읽으면, 그 진리를 다시 확신하게 되고, 복음의 능력을 위한 이신칭의 교리의 결정적 중요성을 상기하게 된다.
6. 실제적 적용. 로마서는 역사상 가장 위대한 신학 작품이다. 따라서 로마서의 중요성을 신학에 두려는 경향은 이해할 만하다. 하지만 로마서는 복음이 전적으로 신학적인 **동시에** 실천적임을 강조한다.

편지의 서두에 나오는 '믿어 순종하게'라는 표현이 시사하듯(1:5; 참고. 16:26), 바울이 로마서에서 제시하는 복음은 삶을 변화시키는 메시지다. 그리스도를 믿는 믿음에는 그분을 주님으로 순종하는 삶이 따라와야 한다. 12-16장은 로마서의 후기나 부록이 아니다. 이 장들이 존재하는 것은, 복음을 듣고 변화되지 않는다면, 복음에 대한 이해나 반응이 제대로 이루어진 것이 아니기 때문이다. 그리스도의 주 되심과 성령의 내주하심은 필연적으로 우리의 '생각하는' 방식을 변화시키고(12:2), 궁극적으로 우리의 삶의 방식을 변화시킨다.

복습과 토의를 위한 질문

1. 로마서의 문학 장르는 바울의 다른 서신과 어떻게 다른가? 이런 차이가 로마서를 읽는 데 어떤 영향을 주는가?
2. 바울이 로마서를 기록한 목적은 무엇이며, 이를 아는 것이 왜 도움이 되는가?
3. 로마서의 주요 주제로 제시된 것들을 들어보라. 당신은 무엇이 로마서의 중심 주제라고 생각하는가?
4. 로마서 1-11장이 신학에 초점을 맞췄다면, 나머지 부분은 적용에 중점을 둔다. 신학과 적용의 관계는 무엇인가?
5. 로마서에서 당신이 가장 좋아하는 구절은 어디인가? 그 구절은 로마서 전체와 어떤 관계가 있는가?

더 깊은 연구를 위한 자료

초급 Douglas J. Moo, *Encountering the Book of Romans* (Grand Rapids: Baker, 2002). 「로마서의 신학적 강해」(크리스챤출판사).

James R. Edwards, *Romans*. NIBC (Peabody: Hendrickson, 1992).

John R. W. Stott, *Romans: God's Good News for the World*. BST (Downers Grove: InterVarsity Press, 1994). 「BST 로마서 강해」(IVP).

중급 Douglas J. Moo, *Romans*. NIVAC (Grand Rapids: Zondervan, 2000). 「NIV 적용주석 로마서」(솔로몬).

고급 Douglas J. Moo, *The Epistle to the Romans*. NICNT (Grand Rapids: Zondervan, 1996). 「NICNT 로마서」(솔로몬).

Stephen Westerholm, *Understanding Paul* (Grand Rapids: Baker, 2004).

11장
고린도전후서

고린도전후서는 로마서보다 덜 형식적이고 덜 체계적이다. 이 서신들은 특정 사람들을 대상으로 하고 구체적인 문제들이 있을 때 쓴 '상황적인' 책이다.

고린도전후서의 내용은 무엇인가?

고린도전서

1. 바울은 인사와 감사의 말로 편지를 시작한다(1:1-9).
2. 고린도 교회는 그리스도인 지도자들에 의해 분열되어 있다(1:10-4:21). 그들은 특정 지도자의 지혜와 언변에 따라 자신들이 그 지도자에게 속했다고 주장하지만(1:1-17), 그리스도의 십자가만이 하나님의 지혜를 드러낸다(1:18-2:5). 성령도 마찬가지시다. 성령도 이 지혜를 이해하도록 도우신다(2:6-16). 그러나 고린도 교회 신도는, 지도자들도 자기 일을 제대로 했는지 책임져야 하는 하나님의 농

부요 집 짓는 자요 청지기일 뿐임을 깨닫지 못하고, 유치한 분열을 일으키며 교만하고 어리석게도 자신들의 지도자들을 높인다(3:1-4:7). 그들에게 주의를 주고 곧 다가올 방문에 대해 충고하는 바울을 그들은 본받아야 한다(4:8-21).

3. 보고에 답하며, 바울은 근친상간(5:1-13)과 신자들 간의 소송(6:1-11)과 성적 부도덕(6:12-20) 세 가지 문제를 다룬다.

4. 고린도 교회 성도의 서면 질문에 답하며, 바울은 여섯 개의 중요한 주제를 다룬다.

1) 결혼 및 관련 문제(7:1-40)

2) 우상에게 바쳤던 음식(8:1-11:1). 우상에게 바쳤던 음식을 먹는 문제는 자기희생적 사랑으로 해결해야 한다(8:1-11; 10:23-11:1). 바울은 개인적으로 가능한 한 많은 사람을 그리스도께 인도하고자 자신의 '권리'를 자발적으로 포기했음을 밝히며(9:1-23), 동료 그리스도인에게 자신의 '자기 훈련'을 본받으라고 권면한다(9:24-27). 우리는 이스라엘의 역사를 통해 시작은 좋지만 인내하지 못해 하나님의 심판을 초래하는 안타까운 경향을 볼 수 있다(10:1-13). 그리스도인은 이방 신전에서 행해지는 제사에 참여하지 않음으로 우상숭배를 피해야 한다(10:14-22).

3) 남자와 여자의 관계, 특히 교회에서 여자들이 머리에 수건을 쓰는 문제로 인한 다툼(11:2-16)

4) 성찬식의 잘못된 집행(11:17-34)

5) 성령의 은사의 분배와 활용(12:1-14:40). 교회에는 일치 속의 다양성(12:1-31), 사랑(13:1-13), 공적 모임에서의 분별과 질서(14:1-40)가 있

어야 한다. 바울은 예언과 방언의 상대적 가치를 강조한다(14:1-25).

6) 신자의 부활(15:1-58). 예수님의 육체적 부활은 부활의 원형이다.

5. 바울은 특별 헌금에 대한 지침과 개인적 부탁과 권면과 인사로 편지를 맺는다(16:1-24).

고린도후서

1. 바울은 인사와 함께 감정이 묻어나는 긴 감사로 편지를 시작한다(1:1-11).
2. 자신의 여행 계획을 변호한다(1:12-2:13).
3. 기독교 사역의 본질은 마지막 날이 이미 시작되었지만 아직 완성되지는 않았다는 종말론적 긴장을 올바로 인식하는 데 달려 있다(2:14-7:4). 하나님이 직접 바울을 준비시키셔서 옛 언약에서의 사역보다(3:7-18) 뛰어난 새 언약의 사역을 하게 하셨다(2:14-3:6). 바울은 복음을 정직하게 선포하는 일에 헌신했다(4:1-6). 예수님은 보배이시고, 바울과 그의 사역은 보배를 담은 질그릇이다(4:7-15). 신자가 장차 받을 영원한 영광은 어떤 고난과도 비교할 수 없으며(4:16-5:10), 그리스도의 사랑이 우리를 강권하여 그리스도의 대사로서 화해를 선포하게 한다(5:11-21). 바울은 고린도 교인에게 자신의 사역에 대해 마음을 열고 우상을 멀리할 것을 권면한다(6:1-7:4).
4. 바울은 전에 자신이 방문하고 편지를 써 꾸짖은 데 대해 고린도 교인이 (하나님의 뜻대로 하는) 근심과 회개로 반응했기에 크게 기뻐하고 안심한다(7:5-16). 이런 연고로 바울은 그들에게 예루살렘에 있는 그리스도인을 위해 풍성하게 헌금해 줄 것을 권면한다(8:1-9:15).

5. 바울은 고린도 교회 안에 새로 등장한 적대 세력에 반응한다(10:1-13:10). 그는 그리스도에게 복종할 것을 호소하고(10:1-6), 어리석은 자랑을 하는 반대자들을 정죄한다(10:7-18). 거짓 사도들을 폭로하고(11:1-15), 반대자들의 기준을 모두 뒤집어 그들이 경멸할 만한 것들로 자신을 자랑함으로써 어리석은 자들의 미련함에 합당한 답을 준다(11:16-12:10). 바울은 교회를 십자가 없는 승리주의로 이끄는 반대자들에 대해 고린도 교인이 확실한 조치를 취하지 않음을 책망하면서, 자신은 그들에게 짐을 지우거나 폐를 끼치려 하지 않음을 분명히 한다(12:11-21). 또한 고린도 교인에게 자신들의 행위를 재고하라고 요구하고, 필요하다면 자신이 세 번째 방문할 때 강력한 조치를 취할 것이라고 경고한다(13:1-10).

6. 바울은 마지막 호소와 문안에 이어 축도로 편지를 맺는다(13:11-14).

고린도전후서의 저자는 누구인가?

두 편지의 첫 구절에서는 저자로 바울을 언급하는데, 이에 대한 반론은 거의 제기되지 않는다.

고린도전후서는 언제 기록되었는가?

고정된 사항이 한 가지 있다. 사도행전 18:12-17에는 "갈리오가 아가야 총독 되었을 때에" 고린도에 있는 유대인이 바울을 공격했던 일이 묘사되어 있다. 로마 황제 글라우디오의 공표를 담은 비문에 의하면, 갈리오는 주후 51년(또는 가능성이 낮지만 52년)부터 1년간 그 직책을 수행했다. 갈리오가 바울을 공격한 유대인의 고소를 기각한 후, 바울은 고린도에 '더 여러 날 머물다가'(행 18:18) '배 타고 수리아로' 52년 봄에 떠났을 것이다. 팔레스타인에서 얼마를 보낸 다음, 바울은 선교 여행을 시작하고 곧바로 에베소로 왔다. 바울이 에베소에 2년 반을 머물고 나니 55년 봄이 찾아왔다. 바울은 에베소에서 아마도 55년 초에 고린도전서를 기록하고, 다음 해쯤 마게도니아에 있는 동안 고린도후서를 완성했을 것이다(고후 2:12-13; 7:5; 8:1-5; 9:2).

고린도전후서는 누구를 대상으로, 왜 기록되었는가?

고린도의 상황

로마의 식민지 고린도는 펠로폰네소스 지역과 그리스 나머지 지역을 연결하는 지협에 위치했다. 무역에 최적화된 항구도시로서 로마인과 그리스인과 유대인, 자유인과 노예, 부자와 가난한 사람이 함께 거주했으며, 로마인이 법과 문화와 종교를 지배했다.

옛 도시의 특징을 새 도시에 주입해 읽는 것은 공정하지 못하다. 예를 들면, 로마의 식민지가 되기 전의 옛 고린도에서 '고린도 사람처럼 행하다'라는 표현은 '성적으로 부도덕하게 행동하는 것'을 의미했고, '고린도 여자'는 매춘부를 뜻했다. 새 고린도가 도덕적으로 깨끗하다고 알려졌을 리는 만무하지만, 그렇다고 꼭 옛 특성을 지속하지도 않았을 것이다(참고. 고전 6:12-20).

고린도 교인의 세계관을 형성한 사회적 영향

미성숙한 고린도 그리스도인들은 다음과 같은 사회적 영향을 받았다.

1. 고린도가 과거에 이교적이었다는 사실은 고린도 교인이 지혜와 영성을 그릇 이해하게 된 가장 유력한 원인이었다.
2. 고린도는 재산을 축적해 권력과 부와 명예를 누릴 수 있는 도시였다. 부패한 로마의 후견인 제도는 사회적 신분 상승의 사다리 역할을 했다. 힘 있는 후견인은 피보호자에게 돈과 연줄을 제공했고, 그 대가로 피보호자는 후견인의 명성을 높이는 데 기여했다. 그 체제는 신중하게 계산된 자기 상승의 끝없는 쳇바퀴였다.
3. 그리스 로마 세계에서는 수사학이 엄청나게 강조되어, 재능 있는 연설가는 오늘날의 유명 영화배우처럼 많은 이들이 존경하고 따랐다. 연설은 예술의 한 형태이자 대중적이고 정치적인 소통의 중요한 요소였다.

고린도 교인의 문제는 우상숭배로 회귀한 것이라기보다는, 그들의 기독교 신앙이 얼마나 신실했든 간에 주변 문화로부터 물려받은 세계관을 변화시키지 못한 것이었다. 더구나 복음에 대한 그들의 지식에도 불구하고, 그들은 교만하게 믿음이 연약한 그리스도인을 파괴했으며(8:1-11:1), 어떤 카리스마적인 은사를 사랑보다 더 높이는 분열적 행동을 멈추지 않았다(12-14장). 실제로 복음의 중심에 사로잡히지 않은 사람은 말에 능한 자들에게 더 쉽게 빠져들었다. 그래서 고린도 교인들은, 유창한 말로 사람들에게 감동을 주기보다 십자가에 못 박힌 그리스도를 전하기로 작정한 바울의 헌신을 약간 우습게 봤다(고전 2:1-5; 고후 10:10; 11:5-6).

파벌주의와 미성숙한 기대라는 문제는 고린도후서에도 다시 나타나서, 바울은 하나님의 은혜가 약한 데서 온전해진다는 십자가의 복음을 여전히 설명해야 했다. 나아가 고린도 교인들은 스스로 성숙했다고 강조하는데, 이는 그들이 장차 받을 복을 이해하지도 기대하지도 않았다는 과신을 보여 줄 뿐이다.

고린도전후서에 나타난 바울의 반대자들

두 편지에 나타난 바울의 반대자들의 성격에 대해서는 의견이 분분하기 때문에, 다음 세 가지 단서를 주목함으로써 미리 역사 재구성을 보완할 필요가 있다.

1. 고린도전서를 기록할 시점에 바울이 **외부에서 온** 지도자들에게 빼앗긴 교회를 대면하고 있었다는 증거는 없다. 그러한 상황은 고린도후서 10-13장의 시점에 와서야 확실히 발생했다. 고린도후서의 상황을 고린도전서에 적용해서는 안 된다.
2. 고린도전서 배후에 있는 반대 행위의 근본 이유가, 어떤 면에서 예수님을 메시아로 생각하기는 했지만, 예수님을 믿기 전에(또는 적어도 믿음의 한 부분으로 받아들이기 전에) 이방인이 유대교로 개종해야 한다고 고집한 유대주의자의 영향 때문이라는 증거도 없다.
3. 바울이 직면했던 주요 문제가 만개한 영지주의라는 증거도 없다 (23장을 보라).

어쨌든 바울의 반대자들의 특징을 다음 세 가지로 묘사할 수 있다.

1. 그들은 일제히 자신들끼리도 분열되어 있는가 하면, 어느 정도는 바울을 대적했다.
2. 교만하게도 그들은 자신들이 다가올 세대의 모든 또는 대부분의

복을 이미 완전히 경험하고 있다고 생각했다. 영성에 대한 이런 견해는 물질을 경시했으며, 윤리보다는 신분과 더 관련되었다.
3. 고린도후서 10-13장의 반대자들은 새로운 유대주의자였다. 그들은 할례나 모세의 율법을 구체적으로 준수하는 것보다는 고린도 사회 당시의 가치에 따라 명성과 권력에 더 관심이 있었다.

역사적 퍼즐들은 어떻게 들어맞는가?

바울은 제2차 선교 여행 중 고린도에서 1년 반 동안 처음으로 복음을 전했다(행 18장). 이후에 그는 적어도 네 개의 편지를 썼는데, 그중 두 개는 전해지지 않는다.

1. 고린도A서. 음행하는 자들과 어울리는 것을 금한다(고전 5:9).
2. 고린도B서(고린도전서). 바울이 처음 고린도에서 사역한 지 약 1년 후, 에베소에서 2년 반 동안 성공적으로 사역하던 기간에 기록되었다. 그러는 동안 다른 사람들이 고린도 교회에 들어와 바울이 닦은 터 위에 그들의 것을 세우려 했고, 영적으로 연약했던 고린도 교인은 그 지도자들을 따라 여러 무리로 분열되었다(고전 1:11-12). 바울이 5-15장에서 다루는 문제들로 인해 그 지도자들의 신뢰성은 훼손되었다('고린도전후서의 내용은 무엇인가?'를 보라).
3. 고린도C서. 고린도의 상황이 개선되지 않자, 바울은 자신의 여행 계획을 바꾼다(고전 16:5-8; 고후 1:15-16). 고린도 교회에는 바울이 '거짓 사도'라 칭한 자칭 기독교 지도자들이 침입해 들어왔다(고후 11:13-15). 바울이 전에 경고했고(고전 4:21) 나중에 '근심 중에 나아

[갔다]'고 말한 것처럼(고후 2:1), 그의 고린도 방문은 고통스러운 대결이 되어 버렸다. 당시 바울의 관점에서 보면, 그 방문은 완전 대실패였다. 그는 또 다른 고통스러운 대결을 피하고자 즉시 재방문하지 않기로 했는데, 그로 인해 변덕스러운 사람이라는 비난을 받았다(고후 1:16-2:4). 자신이 기대하는 바를 명확히 하기 위해, 바울은 '눈물로 가득한 편지' 또는 '가혹한 편지'라 불리는 세 번째 편지(고린도C서)를 썼다. 왜냐하면 바울은 이 편지를 "내가 마음에 큰 눌림과 걱정이 있어 많은 눈물로" 쓰면서(2:4), 악의적인 주모자를 처벌하라고 요구했기 때문이다(2:3-9; 7:8-12을 보라).

4. 고린도D서(고린도후서). 바울은 '가혹한 편지'가 어떻게 받아들여졌는지 몰랐지만, 디도가 도착해서 전해 준 소식을 접하고 그의 근심은 금방 기쁨으로 변했다(고후 7:6-10). 고린도후서 1-9장에는 최악의 상황이 끝났다고 안도의 숨을 내쉬는 모습이 나온다. 이 때문에 고린도후서 10-13장의 해석은 굉장히 어려워졌는데, 10-13장의 어조는 고린도의 상황이 다시 절망적일 만큼 위험해졌음을 전제로 하기 때문이다(다음을 보라).

고린도후서 10-13장에 대해

앞에서 설명한 역사적·사회적 재구성은 고린도전서와 고린도후서 1-9장이 편지 조각을 붙여 만든 것이 아니라 진본이라는 전제를 뒷받침하는 확고한 증거에 근거한다. 그런데 고린도후서 10-13장의 어조가 1-9장과 판이하게 다르기 때문에, 그 위치에 대해 광범위한 논란이 있다. 1-9장과

10-13장은 같은 시간과 상황 속에서 한 편지로 작성되었다는 것을 의심할 만큼 그 어조가 충분히 다른가? 이 문제에 대해서 다음의 네 가지 주요 이론이 있다.

1. 고린도후서 10-13장은 고통스럽고 가혹한 편지이며(고린도C서), 고린도후서 1-9장은 고린도D서다. 이 이론은 1-9장(기쁨과 확신에 참)과 10-13장(분노, 상함, 신랄함)의 현저한 어조 차이를 충분히 설명한다는 장점이 있다. 그러나 이 이론은 문제를 해결하기보다는 더 많은 문제들을 야기한다. 예를 들어, 10-13장에는 가혹한 편지에 포함되었으리라고 확신하는 사항, 즉 불의를 행한 자는 벌을 받아야 한다는 요구가 없다(2:5-6; 7:12). 또한 고린도후서가 본래 9장에서 끝났다거나, 고린도후서 10-13장에 바울 서신 특유의 도입부가 있음을 보여 주는 헬라어 사본도 없다.

2. 고린도후서 1-13장은 한 번에 기록되었다. 이 이론은 본문의 증거에 잘 들어맞고, 이론적으로도 1-9장과 10-13장 사이의 현격한 어조 변화를 설명하는 데 부족함이 없다. 그러나 어조와 강조점의 차이가 여전히 크기 때문에, 어떤 설명이 있어야 하고, 또 이미 제시된 해법은 그리 만족스럽지 않다.

3. 고린도후서 10-13장은 고린도후서 1-9장(고린도D서)에 이어지는 다섯 번째 편지다(고린도E서). 최근의 주석가들 사이에서 가장 인기 있는 이 이론의 주요 장점은 1-9장과 10-13장의 상당한 어조 차이를 충분히 설명한다는 것이다. 이 이론은 가능성도 높고 앞의 두 이론보다 낫다. 그러나 이 이론은 사본 전파 초기에 어리석은 필사자가 있어야 한다는 가정에 지나치게 의존한다.

4. 고린도후서 10-13장은 1-9장보다 조금 나중에 작성되었지만 같은 편지에 속한다. 이 이론은 세 번째 이론을 약간 수정하고 개선한 것이다. 바울이 디도로부터 소식을 간절히 듣고 싶어 했으므로(고후 2:13), 디도에게 좋은 소식을 듣자 곧바로 고린도 교인과 자신의 안도에 대해 소통하고자 했다고 보는 것이 자연스럽다. 바울은 가혹했던 편지(고린도C서)가 자신이 우려하던 어려움을 야기하지 않은 데 감사하고, 고린도 교인이 회개와 순종으로 반응한 것에 기뻐하며, 가장 위험한 반대자들을 징계했음을 알고 고무되었다. 그렇다고 자신의 긴 편지를 곧바로 끝맺었다고 볼 이유는 없다. 당시 바울은 마게도니아 사역에 각별히 전념했으므로, 편지를 완성하는 데 몇 주 또는 그 이상 걸렸을 것이라고 추측할 수 있다. 그 기간 동안 바울이 고린도 상황에 관한 추가적인 소식을 접하고 교회가 다시 한 번 비참한 상태로 떨어졌다는 사실을 알았다면, 10:1에서 시작되는 갑작스러운 어조 변화는 납득할 만할 것이다. 1-9장을 작성한 후 바울이 나쁜 소식을 듣고 편지를 완성해 보내기 전에, 10-13장에서 자신의 방침을 바꿨다고 보는 것이 합리적일 것이다.

고린도후서 10-13장을 확실하게 설명할 만한 충분한 증거는 없지만, 네 번째 이론이 세 번째 이론보다 좀더 단단해 보이고, 첫 번째나 두 번째 이론보다는 훨씬 더 믿을 만하다.

고린도전후서는 믿음에 대한 우리의 이해에 어떻게 기여하는가?

1. 복음의 적용. 이 편지는 1세기의 언어와 문화로 전달된 불변의 복

음이 변화하는 상황에 어떻게 처음으로 적용되었는지를 보여 준다. 예를 들어, 고린도 교인이 부활을 부인한 독특한 형태는 지금은 찾아보기 어려울 수 있지만, 예수님의 부활의 역사적 실체를 타협할 수 없는 복음의 일부로 이해한 바울의 확고한 주장은 많은 상황에 적용될 수 있다(고전 15장).

2. 율법. 고린도전후서는 바울의 율법 이해에 관한 논쟁에 기여한다. 바울은 다른 구절들에서는 율법으로부터 자유로워 보이지만, 여기서는 어느 정도의 제약을 부과한다(고전 9:19-23).
3. 남자와 여자의 관계. 고린도전후서는 남자 됨과 여자 됨을 이해하는 데 기여한다(고전 11:2-16; 14:34-35).
4. 영적 은사. 고린도전후서는 예언의 본질과 '은혜의 선물'의 자리와 성령 신학을 이해하는 데 기여한다(고전 12-14장).
5. 부활. 고린도전후서는 예수님의 부활을 목격한 증인들을 기록한 최초의 목록뿐 아니라, 부활의 본질을 다루는 가장 중요한 신약 본문을 담고 있다(고전 15장).
6. 바울. 고린도전후서에는 인간이자 그리스도인이며 목사이자 사도인 바울의 인격이 가장 선명하게 드러난다. 이를 통해 자신을 닮음으로써 그리스도를 본받으라는 바울의 초청에 상응하는 실제 모습을 볼 수 있다(고전 11:1).
7. 교회. 고린도전후서는 교회의 본질과 일치, 다양성, 특징들, 행동, 상호의존, 징계 등 우리의 교회 이해에 지대한 기여를 한다.
8. 교만. 고린도전후서는 교만과 자랑과 허세와 자만을 강하게 정죄한다.

9. 십자가 중심의 삶. 고린도전후서는 십자가 신학을 십자가 중심의 삶과 열정적으로 연결한다. 바울은 경건한 가르침이 자기 자랑 같은 이교적 가치와 섞이는 것을 거부한다. 십자가는 죄인을 의롭게 할 뿐 아니라, 그들이 어떻게 살고 죽어야 하는지, 어떻게 이끌고 따라야 하는지, 어떻게 사랑하고 섬겨야 하는지를 가르친다. 바울은 하나님이 섬김과 자기 부인과 정결함과 약함을 당신의 능력을 드러내시는 모체로 삼으신다고 강조한다. 바울의 가르침의 절정은 사랑을 모든 그리스도인이 따라야 할 '가장 좋은 길'로 강조하는 것이다(고전 12:31-13:13).

복습과 토의를 위한 질문

1. 바울은 고린도 교회에게 적어도 몇 개의 편지를 썼는가? 각 편지의 목적을 간단히 설명하라.
2. 당신의 세계관에 영향을 주는 사회적 상황과 고린도 교회의 상황을 비교해 보라. 어떠한 유사점과 차이점이 있는가?
3. 바울이 다루는 문제들 가운데 지금 당신의 교회 상황과 관련이 있는 것은 무엇인가?

더 깊은 연구를 위한 자료

초급 C. J. Mahaney, *Living the Cross-Centered Life* (Sisters: Multnomah, 2006).
Craig L. Blomberg, *1 Corinthians*. NIVAC (Grand Rapids: Zondervan, 1994). 「NIV 적용주석 고린도전서」(솔로몬).
D. A. Carson, *From Triumphalism to Maturity* (Grand Rapids: Baker,

1984). *A Model of Christian Maturity* (2007)로 개정되었다.

_____, *The Cross and Christian Ministry* (Grand Rapids: Baker, 1993).

Scott J. Hafemann, *2 Corinthians*. NIVAC (Grand Rapids: Zondervan, 2000). 「NIV 적용주석 고린도후서」(솔로몬).

중급 David E. Garland, *2 Corinthians*. NAC 29 (Nashville: Broadman & Holman, 2000).

고급 D. A. Carson, *Showing the Spirit* (Grand Rapids: Baker, 1987).

Gordon D. Fee, *The First Epistle to the Corinthians*. NICNT (Grand Rapids: Eerdmans, 1987).

Paul Barnett, *The Second Epistle to the Corinthians*. NICNT (Grand Rapids: Eerdmans, 1997).

Roy E. Ciampa and Brian S. Rosner, *1 Corinthians*. PNTC (Grand Rapids: Eerdmans, 2010).

12장
갈라디아서

갈라디아서의 내용은 무엇인가?

1. 바울의 인사는 하나님이 보내신 사도라는 자신의 지위를 강조한다 (1:1-5). 서론 부분에 감사가 생략되어 있다는 것이 주목할 만하다. 대신 바울은 갈라디아 교인이 유일한 복음뿐 아니라 하나님으로부터 떠나고 있음에 놀람을 표한다(1:6-10).

2. 바울은 사도인 자신의 지위를 변호하고 문제의 핵심을 언급한다 (1:11-2:21). 다른 사도들은, 베드로가 유대인의 사도로 부름받은 것처럼, 바울이 이방인의 사도로 부름받았음을 인정했다(2:6-10). 바울은 이방인 그리스도인과 교제하다 물러난 베드로를 자신이 어떻게 꾸짖었는지 언급하며, 유대인도 율법의 행위가 아니라 그리스도를 믿음으로 구원받음을 강조한다(2:11-16). 문제의 핵심은 그리스도 대 율법이다. 즉 그리스도 안에서 의롭다 함을 얻은 죄인은 율법에 대해서는 죽었고, '하나님의 아들을 믿는 믿음 안에서'

산다(2:17-21).

3. 의롭다 함은 믿음으로만 얻을 수 있다(3:1-4:31). 갈라디아 교인은 율법에 순종해서가 아니라 믿음으로 성령을 받았다(3:1-5). 아브라함은 이를 잘 보여 준다(3:6-29). 아브라함은 믿음으로 의롭게 되었고(3:6-9), 땅의 **모든** 민족이 그의 후손을 통해 복을 받을 것이라는 약속을 받았다. 반대로 모세의 율법은 죄인을 저주하는데, 그리스도는 죄인을 위해 바로 그 저주를 대신 짊어지셨다(3:10-14). 율법은 430년 전 하나님이 아브라함과 맺으신 약속의 언약보다 우선하지도 그 언약을 대체하지도 못한다. 오히려 율법은 그리스도가 오시기까지 존재하는 한시적인 규정이었다(3:15-25). 믿음으로 하나님께 나아갈 때, 모든 인간적인 구분이 제거된다(3:26-29). 그 결과, 신자는 '장성함'에 이르렀고, 여전히 가내 청지기의 관할을 받는 미성년자가 아니라 아들 역할을 할 수 있다(4:1-7). 그럼에도 갈라디아 교인이 하나님이 이미 벗겨 준 율법의 속박으로 되돌아가자, 바울은 이 같은 행동을 그치라고 재호소한다(4:8-20). 하갈과 사라를 통해 나온 아브라함의 아들들은 종으로 사는 것과 자유인으로 사는 것의 육체적·영적 차이를 보여 준다(4:21-31).

4. 그리스도인이 자유하다는 말은, 그리스도인의 삶의 방식이 그래야 한다는 뜻이다(5:1-6:10). 그리스도께서 주시는 자유 안에서 살고, 할례를 거부해야 한다(5:1-12). 육체가 아닌 성령 안에서 살아야 하며(5:13-26), 모든 사람 특히 다른 그리스도인에게 선을 행해야 한다(6:1-10).

5. 바울은 할례에 대한 훈계와 축복의 말로 편지를 맺는다(6:11-18).

갈라디아서의 저자는 누구인가?

바울은 자신이 이 편지를 기록했다고 주장하는데(1:1), 논쟁의 여지가 없는 사실이다.

갈라디아서는 누구를 대상으로 기록되었는가?

주전 3세기에 많은 골 사람(Gauls)이 소아시아로 이주했고, 주전 1세기쯤 그들의 왕국은 지금의 터키 지역인 남쪽으로 확장되었다. 로마인들은 그 지역을 주전 25년에 정복해 갈라디아 속주로 만들었다. 문제는 바울이 편지를 보낸 '갈라디아 교인'이 (1) 속주 북부에 사는 인종적 갈라디아인인지, (2) 속주 남부에 사는 다양한 인종으로 구성된 사람인지다. 북 갈라디아나 남 갈라디아에 대한 주장을 몇 가지 간추리면 다음과 같다.

북 갈라디아

1. 갈라디아는 골 사람이 거주하는 북부 지역을 지칭한다(하지만 이는 속주 전체에도 사용되었다).
2. 브루기아 사람 등은 로마에 종속되었음을 떠올리게 할 '갈라디아'라는 말을 사용하지 않았을 것이다(그러나 바울은 자신을 로마 시민이라 칭했고, 갈라디아는 언급된 모든 도시들을 포괄하는 유일한 용어다).

남 갈라디아

1. 바울이 알고 방문했던 남부 지역의 사람과 장소에 관한 정보는 있

지만(행 13-14), 북부 지역의 사람과 장소에 관한 정보는 전혀 없다.
2. 바울은 루스드라를 떠나(행 16:2) 갈 만한 지역인 '브루기아와 갈라디아 땅으로' 다녔다(행 16:6).
3. '갈라디아 교인'은 안디옥, 루스드라, 이고니온, 더베 같은 1차 선교 여행의 모든 도시 사람을 포괄하는 유일한 용어다.

북 갈라디아설이나 남 갈라디아설 모두 결정적 증거는 없다. 하지만 남 갈라디아설을 지지하는 이론이 훨씬 설득력이 있다.

소아시아의 로마 속주

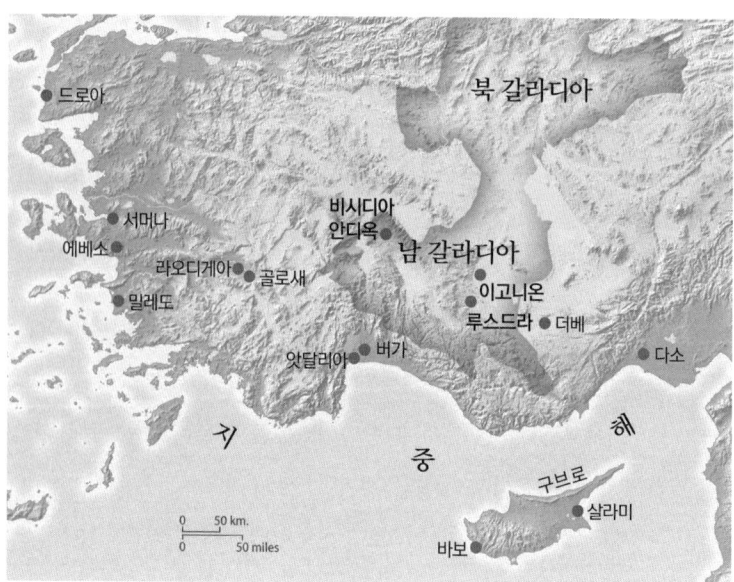

갈라디아서는 언제 기록되었는가?

남 갈라디아설에 의하면 바울은 갈라디아서를 주후 48년쯤 기록했고, 북 갈라디아설에 의하면 기록 연대는 50년대 후반까지 올라간다. 중요한 문제는, 바울이 이 서신을 주후 48년쯤 열린 예루살렘 공회(행 15장) 이전 또는 이후에 기록했는지다. 바울이 예루살렘 공회 이전에 기록했다고 보는 견해가 가장 유력한데, 무엇보다 갈라디아서에 예루살렘 공회의 결정 사항이 언급되지 않기 때문이다. 이는 바울이 갈라디아서에서 언급한 두 번의 예루살렘 방문(1:18-24; 2:1-10)이 사도행전에 언급된 방문들(행 9:26-30; 11:25-30. 행 15장 제외)과 일치한다는 뜻이다.

갈라디아서는 왜 기록되었는가?

갈라디아 교인이 복음을 저버릴 위험에 처했기에, 바울은 복음을 지키기 위해 이 서신을 썼다. 바울은 그 교회에서 무슨 일이 일어나고 있는지 알고는 즉시 편지를 써 오직 그리스도 안에서 믿음으로만 받을 수 있는 의로움을 열렬히 변호한다(2:16-17; 3:8, 11, 24). 자신의 사도적 권위(1:1-6:17)와 동기(1:10; 2:1-5; 5:11)를 변호하면서, 두 가지 잘못된 가르침을 반박한다.

1. 방종주의(그리스도인의 자유를 오용함). 죄를 정당화하는 데 그리스도인의 자유를 사용하는 것은 복음을 왜곡하는 것이다. 따라서 바울은 "자유로 육체의 기회를 삼지 말[라]"고 명령한다(5:13). 우리가 은혜로 구원을 받았다면 어떻게 사는가는 문제가 아니라는 주장은 모든 시대에 걸친 유혹이었다.

2. 율법주의(그리스도인의 자유를 거부함). 율법을 지킴으로 의롭게 된다는 주장도 복음을 왜곡하는 것이다. 바울과 바나바가 남 갈라디아를 떠난 후(행 13-14장), 유대인 '그리스도인'이 도착해 그리스도인도 반드시 유대교 율법을 준수해야 하며 특히 할례를 받아야 한다고 가르쳤다(5:2-6; 6:12; 참고. 4:9-10, 21). 그러나 모세의 율법으로 돌아가는 것은 구속사 전체에서 율법이 어떠한 역할을 했는지를 이해하지 못했음을 드러내는 것이다.

바울에 대한 '새 관점'을 지지하는 이들은(9장 '신학자 사도 바울'을 보라), 갈라디아의 거짓 교사들이 할례와 음식 규정과 안식일 등의 율법은 유대인을 다른 민족과 구별하는 '경계 표시'였다고 강조한다. 바울이 원하는 것은 유대인과 이방인 모두가 하나 된 교회를 세우는 것이기 때문에, 바울은 그러한 분열을 일으키는 경계 표시를 반대한다는 것이다. 그러나 이런 가정은 두 가지 점에서 너무 편협하다. (1) 율법은 단순한 경계 표시 이상의 역할을 한다(갈 3장). (2) 바울 주장의 핵심은, 사람이 하나님 앞에서 '의롭다'고 선언받는 것은 그리스도의 십자가라는 유일한 충분성과 엮여 있다.

갈라디아서는 믿음에 대한 우리의 이해에 어떻게 기여하는가?

갈라디아서는 길이는 짧지만 매우 중요하다.
1. 믿음 대 행위. 의롭다 함은 오직 그리스도를 믿음으로 받는다. 이를 분명히 하는 것이 중요한데 (1) 사람은 (구원을 어떻게 이해하든 상관없이) 자신이 무엇을 행함으로 구원을 얻을 수 있다고 생각하는 경향

이 있고, (2) 기독교를 도덕 체계에 불과한 것으로 오해하는 사람이 많기 때문이다. 의식을 준수하거나 도덕적으로 살아도, 죄인은 그리스도 안에서 하나님이 하신 일보다 나을 수 없다.

2. 구원 역사. 바울은 아브라함을 언급함으로(3:6-29) 우리가 성경이 어떻게 일관된 한 권의 책이 되는지를 이해하도록 돕는다. 바울은 성경을 구원 역사의 전개 속에서 (1) 아브라함에게 약속을 주심, (2) 모세의 율법, (3) 그리스도 안에서의 성취라는 제대로 된 순서로 읽어야 한다고 주장한다. 아브라함이 율법을 지켰다고 가정하기보다, 하나님의 방식은 언제나 약속과 믿음이었음을 바울은 입증한다.

3. 속죄. 때가 차매 그리스도는 "우리를 위하여 저주를 받[으심으로]"(3:13) 속박된 죄인들을(4:4-5) 구원하고자 오셨다.

4. 자유. "그리스도께서 우리를 자유롭게 하려고 자유를 주셨[다]"(5:1). 그리스도 안에서 믿음으로 의롭게 된 사람도 제도의 노예로 속박되기 쉽다.

5. 십자가 중심의 삶. 갈라디아서는 어떤 바울의 서신들보다 십자가를 통한 구원의 함의를 따라 사는 것의 중요성을 드러낸다.

복습과 토의를 위한 질문

1. 바울이 갈라디아서를 기록한 이유는 무엇인가? 어떻게 하면 바울이 반박하는 두 가지 중요한 오류에 쉽게 빠지는가?
2. 갈라디아서의 기여 중 지금 처한 상황에 가장 잘 적용할 만한 것은 무엇인가? 이유를 설명하라.

더 깊은 연구를 위한 자료

초급 C. J. Mahaney, *Living the Cross-Centered Life* (Sisters: Multnomah, 2006).

중급 G. Walter Hansen, *Galatians*. IVPNTC (Downers Grove: InterVarsity Press, 1994).

고급 D. A. Carson, *The Letter to the Galatians*. PNTC (Grand Rapids: Eerdmans, 출간 예정).

13장
에베소서

에베소서의 내용은 무엇인가?

1. 문안 인사 후(1:1-2) 바울은 그리스도 안에서 하나님이 예정하시고 구속하신 행위와 영광스러운 은혜를 찬송한다(1:3-14). 그러고 나서 감사를 드리고 수신자들을 위해 기도한다(1:15-23).

2. 바울은 에베소 교인에게 그들의 죄와 선한 일을 위해 은혜로 말미암아 믿음으로 받은 구원을 상기시킨다(2:1-10). 구원의 결과 그리스도는 유대인과 이방인 사이에 평화와 일치를 가져오신다(2:11-22). 이 평화와 일치는, 바울이 '그리스도의 비밀'이라 부르는 새로운 하나 됨으로(3:1-6), 그리스도 안에서 행하신 하나님의 영원한 목적을 이루는 방법을 포함한다(3:7-13). 이는 수신인들을 위한 기도로 이어진다(3:14-21).

3. 그리스도인은 "성령이 하나 되게 하신 것"을 지키며(4:1-6), 사랑 안에서 자라기 위해 하나님이 교회에 주신 은사들을 제대로 인식해

야 한다(4:7-16). 빛의 자녀답게 살라는 권면에는 최고의 신학적 권고들이 담겨 있다(4:17-5:21). 가정 규범은 아내와 남편, 자녀와 부모, 종과 주인에 대한 지침을 제공한다(5:22-6:9). 그리스도인은 하나님의 전신갑주를 입어야 한다(6:10-18). 그리고 바울은 자신을 위해 기도의 무기를 사용하라고 요청한다(6:19-20).

4. 바울은 마지막 문안 인사로 편지를 맺는다(6:21-24).

에베소서의 저자는 누구인가?

전통적으로 에베소서는 정말 바울이 집필한 편지라고 간주되었으나, 현대의 많은 학자는 이에 동의하지 않는다. 그러나 다음의 주장은 바울이 저자임을 뒷받침한다.

1. 에베소서는 서두에서뿐 아니라(1:1) 본론에서도(3:1) 바울이 저자임을 밝힌다. 에베소서에는 바울의 사적인 내용들도 많이 나온다(1:15-16; 3:1; 4:1; 6:19-21).
2. 에베소서는 광범위한 지역에서 초기부터 읽혔으며, 최근까지도 그 진정성을 의심받지 않는 것으로 보인다.
3. 구조와 언어, 주제가 바울의 다른 서신들과 병행한다.
4. 에베소서에는 바울이 먼저 쓴 골로새서의 내용이 발전되어 있다. 바울은 특정한 상황을 염두에 두고 골로새서를 먼저 기록한 후, 더 광범위한 목적을 위해 에베소서를 기록했을 것이다.

에베소서는 어디에서 기록되었는가?

에베소서는 골로새서와 같은 장소에서 기록된 것으로 보인다(15장 '골로새서'에서 자세히 논의할 것이다).

에베소서는 언제 기록되었는가?

에베소서에서 바울은 자신이 감옥에 있다고 밝힌다(3:1; 4:1). 이는 대체로 바울의 삶 말년에 로마에서 최초로 투옥됐을 때를 언급한다고 여겨지며, 이는 에베소서의 기록 연대가 60년대 초임을 뜻할 것이다.

에베소서는 누구를 대상으로 기록되었는가?

이 편지가 단순히 에베소 교회에 보내졌다고 볼 수도 있지만, 결론을 내리기 전에 두 가지 사항을 먼저 살펴보아야 한다.
1. 1:1의 '에베소에 있는'이라는 표현은 가장 믿을 만한 사본들에는 나오지 않는다. 반면에, 이 표현은 거의 모든 사본과 모든 고대 역본에 포함되어 있고, 심지어 이 표현이 나타나지 않는 사본들에는 '에베소 교인에게'라는 제목이 붙어 있다.
2. 에베소서의 차분하고 건조한 어조는 바울과 에베소 교회와의 관계에 어울리지 않아 보인다. 바울은 에베소 교인에게 복음을 전했고, 오랜 시간을 함께 보냈으며(행 19:8, 10; 20:31), 그들을 친밀한 친구로 생각했다(행 20:17-38). 그러나 에베소서에는 저자가 독자와 개인

적 교류가 없었음을 나타내는 듯한 부분이 있다(예. 1:15; 3:2; 4:21).

이러한 사항들은 에베소서의 독자 대상에 관한 다른 선택지를 제시하게 한다. 즉 바울이 에베소서를 일반 독자 사이에서 회람시킬 서신으로 작성했다고 보는 것이다.

따라서 이 편지가 본래 에베소 교회만을 위해 기록되었는지는 확실하지 않다. 대다수 사본들의 증거와 다른 이론에 개연성이 없는 것으로 보아, 에베소 교회를 위해 기록했다는 견해를 받아들여야 할 것 같기도 하다. 한편, 바울 특유의 따뜻함과 구체적 상황 언급이 나타나지 않는데 중점을 둔다면, 에베소서를 일종의 회람 서신이라고 볼 수 있다.

에베소서는 왜 기록되었는가?

대부분의 바울 서신은 구체적인 상황에 관하여 특정 목적을 위해 기록되었다. 그러나 에베소서에 그런 상황은 나오지 않는다. 골로새서와 달리, 에베소서에는 특정한 거짓 가르침이 언급되지 않는다. 그러나 바울이 자신의 독자들에게 일치와 구별된 기독교 윤리를 추구하도록 권고해야 한다고 생각했음은 분명하다.

에베소서는 믿음에 대한 우리의 이해에 어떻게 기여하는가?

1. 구원에 대한 하나님의 주권. 하나님은 창세전에 신자들을 택하셨다. 그들은 자격이 있어 구원을 얻은 것이 아니다. 하나님은 자신의 기쁘신 뜻을 따라 구원을 계획하셨다(1:3-11).

2. 그리스도의 구속 사역. 그리스도 안에는 자녀 됨, 구속, 성령의 인치심이라는 복이 있다(1:5, 7, 13). 그리스도는 우주를 통일하시고(1:10), 교회 안의 유대인과 이방인을 화목하게 하신다(2:11-22; 3:10).
3. 지식 안에서의 성장. 우리 스스로는 알 수 없는 것을 하나님은 알게 하셨다. 이는 '비밀'이라는 단어에 담긴 풍성한 암시(1:9; 3:3-11; 5:32; 6:19)와 깨달음이라는 개념(1:18; 4:18; 5:8-10, 17)을 통해 전달된다.
4. 사랑. 아가페(*agape*)라는 단어는 신약에서 고린도전서와 요한1서 다음으로 에베소서에 가장 많이 나온다(특히 3:17-19을 보라).
5. 교회. 그리스도의 몸이자 성전인 교회는 하나님의 전체 계획에서 중요한 위치를 차지한다(2:20-22). 교회는 다양성 안의 일치를 특징으로 한다(2:11-3:6; 4:3-6, 11-13).
6. 변화된 삶(4:1-6:18). 그리스도인은 더 이상 이방인처럼 살아서는 안 된다(4:17). 과거와 현재는 빛과 어둠같이 대조된다(5:8). 변화된 삶은 아내와 남편, 자녀와 부모, 종과 주인의 관계에 중요한 영향을 미친다(5:22-6:9). 하나님의 전신갑주를 입고 복음 중심적으로 사는 것은 '악의 영들'과의 싸움에서 그리스도인이 가질 수 있는 유일한 희망이다(6:10-18).

복습과 토의를 위한 질문

1. 1:3-11에서 바울이 하나님을 찬양하는 근거는 무엇인가?
2. 노예 상인이던 "나 같은 죄인 살리신"의 작사자 존 뉴턴은 말년에 다음과

같이 회상했다. "내 기억은 지워졌지만, 두 가지 사실은 남아 있다. 나는 엄청난 죄인이었고, 그리스도는 위대한 구원자라는 사실이다"[John Bull, *The Life of John Newton* (1868; 재판, Edinburgh: Banner of Truth Trust, 2007을 보라)]. 그 '두 가지 사실'은 어떤 관계가 있는가?(참고. 2:1-10).
3. 교회의 일치에 대한 바울의 가르침은 당신의 교회 상황에 어떠한 함의가 있는가?
4. 에베소서 4-6장은 그리스도인의 삶의 방식에 대한 명령으로 가득하다. 구체적으로 어떤 방식으로 당신의 상황에 근본적인 도전을 주는가?

더 깊은 연구를 위한 자료

중급 Walter L. Liefeld, *Ephesians*. IVPNTC(Downers Grove: InterVarsity Press, 1997).

고급 Harold W. Hoehner, *Ephesians: An Exegetical Commentary* (Grand Rapids: Baker, 2002).

　　Peter T. O'Brien, *The Letter to the Ephesians*. PNTC (Grand Rapids: Eerdmans, 1999).

14장
빌립보서

빌립보서의 내용은 무엇인가?

1. 통상적인 문안 인사 후(1:1-2), 바울은 빌립보 교회 성도로 인해 하나님께 감사드리고 그들을 위해 기도한다(1:3-11). 자신이 옥에 갇힌 것이 복음 전파에 도움 되었다고 언급하고(1:12-18), 빌립보 교인의 기도의 응답으로 감옥에서 풀려날 것을 기대한다(1:19-26).
2. 그리스도인은 예수님을 위해 고난을 받으라는 부름을 받았고(1:27-30), 하나님이 높이신 예수님의 겸손을 본받아야 한다(2:1-11). 또한 자신의 구원을 '이루[어야]' 한다(2:12-18).
3. 바울은 속히 디모데를 그들에게 보내고 자신도 가기를 바라고(2:19-24), 에바브로디도의 건강에 관한 최근 소식을 전한다(2:25-30). 그리고 할례를 옹호하는 자들에게, 삶의 모든 면에서 자신이 유대인으로 내세울 것이 많지만, 그리스도를 아는 것이 그보다 훨씬 더 중요하다고 경고한다(3:1-11). 바울은 여전히 푯대를 향해 힘

을 다해 나아간다. 빌립보 교인에게 예수님의 재림을 기다리며 자신을 본받고 '그리스도의 십자가의 원수'를 따르지 말라고 권면한다(3:12-4:1).

4. 바울은 다투는 두 여인에게 화해하라고 호소하며(4:2-3), 빌립보 교인에게 그리스도 안에서 기뻐하고, 근심하지 말고 하나님의 평강이 지키실 것을 믿고 기도하며, 온 마음을 다해 그리스도인의 덕을 행하라고 권고한다(4:4-9). 또한 자신이 어려울 때 선물을 보내준 데 대해 감사를 표한다(4:10-20).

5. 인사와 축복의 말로 편지를 맺는다(4:21-23).

빌립보서의 저자는 누구인가?

편지 서두에서 바울이 기록했다고 주장하며, 이 주장에 누구도 심각한 문제를 제기하지 않는다. 그러나 이와 관련해 두 가지 논란이 있다.

1. 최근 빌립보서가 바울의 두세 개 편지를 모아 놓은 것이라는 주장이 있다. 그러나 주제가 갑자기 변하기는 하지만(예. 3:1; 4:9), 한 편지로 보는 편이 낫다.

2. 2:5-11에 나오는 '찬가'의 기원에 의문을 제기하는 사람도 있다. 바울의 다른 서신과는 다른 단어와 운율 있는 문체가 포함되어 있기 때문이다. 바울이 그 본문을 직접 기록했는지, 아니면 초대교회에 잘 알려진 어떤 것에서 빌려 왔는지에 대해서는 의견이 거의 반으로 나뉜다. 그 구절을 바울이 기록하지 않았다면, 누가 기록했는지는 알 수 없다. 나아가 바울이 그 구절을 인용한 것이라면, 그 구절

이 **바울이** 말하려는 것을 담았기 때문일 테고, 이는 그 본문을 바울의 틀 안에서 해석해야 한다는 뜻이다.

빌립보서는 어디에서 기록되었는가?

우리는 바울이 이 편지를 감옥에서 기록했음을 알고 있다(1:7, 13, 17). 바울은 언제 죽을지 모르는 상황이었다(1:20; 2:17). 그럼에도 바울은 조속히 석방되어 빌립보 동료에게 돌아가길 기대하고 있다(1:25-26; 2:23-24). 감옥이 어디에 위치했는지는 알 수 없다. 바울은 여러 번 투옥되었는데(고후 11:23), 다음 세 장소 중 한 곳에서 빌립보서를 기록한 것으로 보인다.

1. 로마. 전통적인 견해로, 바울이 로마에서 근위대의 감시 아래 그의 집에 갇혀 있었다는 정보에 부분적으로 기초한다(1:13-14; 2:19, 25; 4:22; 참고. 행 28:16, 30-31). 이 견해의 주요 문제는, 비교적 단기간에 빌립보에서 다양한 사람이 바울에게 최소 일곱 번 왕래했음을 암시하는 부분이 빌립보서에 나온다는 점이다. 빌립보는 로마에서 거의 2천 킬로미터, 즉 몇 개월이 걸리는 거리에 있었다. 따라서 바울은 빌립보에 훨씬 가까운 지역에 투옥되었을 가능성이 높다.

2. 가이사랴. 바울은 가이사랴의 헤롯 궁(행 23:35)에 2년간 갇혀 있었다(행 24:27). 그러나 가이사랴는 빌립보에서 약 1,600킬로미터 떨어져 있다. 게다가 가이사랴에 빌립보서에 묘사된 것 같은 건실한 교회가 있었다는 증거가 없다. 이 견해를 지지할 설득력 있는 이유는 없는 것 같다.

3. 에베소. 바울이 에베소에서 투옥된 적이 있었다는 명시적 언급은

없지만, 그는 에베소에서 투옥될 만한 심각한 문제를 겪었다(고전 15:32; 참고. 고후 1:8-11). 빌립보에서 에베소까지의 거리는 160킬로미터 정도이고, 에베소에는 근위대가 주둔해 있었다.

바울의 투옥 장소가 로마보다는 에베소라는 증거가 더 강하지만, 그렇다고 결정적이지는 않다.

빌립보서는 언제 기록되었는가?

빌립보서의 기록 연대를 정하기 위해서는 바울이 어떤 감옥에 갇혀 있을 때였는지를 먼저 알아야 한다. 바울이 로마 감옥에 있을 때 기록했다면 61-62년이 틀림없을 것이고, 가이사랴라면 59-60년, 에베소라면 50년대 중반에서 60년대 초 사이일 것이다.

빌립보서는 왜 기록되었는가?

편지의 목적으로 간주할 만한 하나의 주도적 주제가 보이지 않는다. 바울은 개인적이고 목회적인 여러 관심을 갖고 편지를 작성한 것으로 보인다. 개인적 이유들은 다음과 같다.

1. 빌립보 교인에게 자신의 상황이 어떻게 복음의 진보에 기여하는지 전하기 위해(1:12-26)
2. 디모데를 추천하고 그의 빌립보 방문을 준비시키기 위해(2:19-24)
3. 바울의 필요를 돌보려고 자신의 생명도 돌아보지 않은 에바브로디도를 칭찬하기 위해(2:25-30)

4. 빌립보 교인들의 선물에 대해 감사하기 위해(4:14-18)

넓은 의미의 목회적 관심들은 다음과 같다.

1. 외부의 적대자(1:28-30)와 교회 내의 거짓 교사들(3:2-4, 18-19)에 맞서기 위해
2. 하나 됨에 대한 관심을 불러일으키기 위해(2:1-4; 4:2)
3. 전심으로 섬겨야 함을 강조하기 위해(1:27-2:18)

전반적으로 볼 때, 이러한 관심들이 이 편지의 목적이라 할 수 있다.

빌립보서는 믿음에 대한 우리의 이해에 어떻게 기여하는가?

1. 칭찬. 바울의 많은 서신은 거짓 교사들에 맞서고 해이한 행실을 고치라는 등 교회 문제를 바로잡는 데 초점이 맞춰져 있다. 빌립보서에도 가벼운 훈계는 나오지만, 주된 요지는 칭찬이다. 전체적으로 바울은 그들의 믿음의 진보로 인해 기뻐하고 있다.
2. 예수님의 낮아지심과 높아지심. 2:6-11에 나오는 독보적인 '찬가'에서는 '근본 하나님의 본체'이신 예수님이 구원을 이루기 위해 가장 낮은 곳으로 내려와 십자가에서 죽기까지 자신을 낮추셨음을 강조한다. 이제 하나님은 그분을 지극히 높이셨다. 예수님이 인정받은 것처럼 하나님의 백성도 그러할 것이며, 이는 그리스도인의 삶에 강력한 동기를 부여한다(2:12-13). 더구나 (빌립보서보다 훨씬 전에 만들어졌을 가능성이 있는) 이 찬가는 초대교회의 아주 초기부터 그리스도에 대한 고귀한 고백이 있었다는 유력한 증거를 제공한다.
3. 기쁨. 편지 전체에서 기쁨의 선율이 울려 퍼지면서(명사로 다섯 번,

동사로 아홉 번 나온다) 그리스도인은 기쁨의 사람임을 강조한다.
4. 복음 전파. 바울은 순수하지 않은 동기로 복음을 전하는 사람을 본 그리스도인을 격려한다. 바울은 복음이 전파되고 있다는 사실이 중요하다고 말한다(1:12-18).
5. 복음의 동역 관계. 바울과 빌립보 교인의 화합은 복음을 위해 동역하는 좋은 예다(1:5). 바울은 그들을 사랑으로 목양하고, 그들은 성숙과 애정으로 반응한다.
6. 복음을 위한 고난. 바울은 그리스도인의 구원에서 십자가와 부활의 위치를 강조한다. 그리스도인의 고난은 복음의 진보를 위한 하나님의 선물이다(1:14-18, 29-30; 2:16-17). 중요한 것은 그리스도를 섬기는 것이다.

복습과 토의를 위한 질문

1. 바울은 왜 빌립보서를 기록했는가?
2. 바울은 구체적으로 빌립보 교인의 어떤 행동과 자질을 칭찬하는가? 그 칭찬이 빌립보 교인에게 어떤 영향을 주었겠는가?
3. 빌립보서가 복음과 관련하여 기여하는 바는 무엇인가?

더 깊은 연구를 위한 자료

초급 D. A. Carson, *Basics for Believers* (Grand Rapids: Baker, 1996).
Frank Thielman, *Philippians*. NIVAC (Grand Rapids: Zondervan, 1995). 「NIV 적용주석 빌립보서」(솔로몬).

고급 G. Walter Hansen, *The Letter to the Philippians*. PNTC (Grand Rapids: Eerdmans, 2009).

Gordon D. Fee, *Paul's Letter to the Philippians*. NICNT (Grand Rapids: Eerdmans, 1995).

15장
골로새서

골로새서의 내용은 무엇인가?

1. 인사(1:1-2) 후 감사와 골로새 교인을 위한 기도가 이어진다(1:3-14).
2. 그리스도는 가장 위대한 분이시다(1:15-20). 바울은 그리스도의 화해 사역(1:21-23)과 그리스도를 섬기며 당하는 고난을 관련지으며(1:24-2:5), 수신자들에게 '철학과 헛된 속임수'에 사로잡히지 말고 그리스도 안에서 살라고 권면한다(2:6-8). 그리스도의 위대함에 비추어(2:9-15), 음식에 관한 법과 종교적 축일에 관한 사람들의 생각을 순순히 따라서는 안 된다(2:16-23).
3. 그리스도인의 삶의 방식은 자신이 "그리스도와 함께 다시 살리심 받았[음]"에 대한 증거여야 한다(3:1-17). 이런 삶의 방식은 아내와 남편, 자녀와 부모, 종과 주인을 위한 가정 규범에까지 적용된다(3:18-4:1). 그리스도인은 기도해야 하고, 외인을 지혜롭게 대해야 한다(4:2-6).

4. 두기고와 오네시모는 골로새 교인에게 바울에 관한 소식을 전해 줄 것이다(4:7-9). 그들의 동료들도 골로새 교인에게 안부를 전한다(4:10-15). 아킵보는 이 편지를 라오디게아에 보내는 편지와 교환해 각 교회들이 두 편지 모두를 읽게 해야 한다(4:16-17). 바울의 통상적인 약식 마무리로 서신이 끝난다(4:18).

골로새서의 저자는 누구인가?

편지에 바울이 썼다는 주장이 나온다(1:1, 23; 4:18). 하지만 최근 많은 학자들은 바울의 추종자가 편지를 썼다고 주장하면서, 다음 셋을 근거로 편지의 주장을 반박한다.

1. 언어와 문체가 바울의 것과 다르다고들 한다. 그러나 최소한의 어휘 차이는 새로운 이단에 대적하는 데 필요한 단어를 사용하기 위해서였다고 보면 어느 정도 설명된다. 문체의 차이도 시적 형식을 사용했기 때문이라고 볼 수 있다.
2. 신학이 바울의 것과 다르다고들 한다. 그러나 이 점은 바울의 다른 서신에도 적용될 수 있다. 기존 개념들이 사라지고 새로운 개념들이 나타나는 것(예. 1:16-20; 2:9-10, 12-13, 19; 3:1)은 서신의 대상과 상황이 각기 다르기 때문이다. 이런 차이는 바울 저작을 논박할 만한 의미 있는 근거가 못 된다.
3. 에베소서와의 유사성을 볼 때, 한 사람이 두 편지를 그토록 비슷하게 썼다기보다, 다른 편지를 모방했다는 논지를 끌어낼 수 있다. 하지만 두 편지 모두 바울이 작성했고, 단순히 다른 독자들을 위

해 두 차례 일부 같은 생각을 단순 반복했다고 가정하는 것 또한 상당히 일리 있다.

골로새서가 바울의 저작이 아니라는 주장은 설득력이 없으며, 골로새서가 빌레몬서와 관련 있다는 점은 오히려 바울 저작을 뒷받침한다.

골로새서는 어디에서 기록되었는가?

바울은 이 편지를 감옥에서 기록했는데(4:3, 10, 18), 에베소나 가이사랴나 로마일 가능성이 있다. 증거를 볼 때 로마가 유력하다.

에베소서와 골로새서와 빌레몬서는 같은 시기에 같은 장소에서 기록되었을 것이고, 빌립보서 역시 감옥에서 기록되었지만 다른 상황에서 기록된 듯하므로 저술 시기와 장소를 달리 볼 수 있다.

골로새서는 언제 기록되었는가?

바울이 이 편지를 로마에서 기록했다면 주후 60년대 초, 그중에서도 61년일 가능성이 가장 높다. 로마 이외의 도시에서 기록했다면, 50년대 말일 수도 있다.

골로새서는 왜 기록되었는가?

바울은 기본적으로 골로새 교회에 들어온 거짓 교사들의 오류를 반박하기 위해 골로새서를 기록했다. 우리는 그들이 가르친 내용이 아닌 반박 기록만 갖고 있기에, 거짓 가르침의 내용을 정확히 알 수는 없다. 헬라와 유대의 가르침을 혼합한 것으로, 그리스도를 축소하고(1:15-19; 2:9-10) 금욕(2:23)과 할례(2:11; 3:11)와 안식일 준수(2:16)를 장려했던 것으로 보인다. 고대 세계에서는 여러 종교의 혼합이 빈번히 나타났는데, 이런 혼합 종교는 초신자와 제대로 훈련받지 못한 그리스도인을 미혹했다. 바울은 어린 골로새 교회가 그러한 가르침으로 해를 입는 것을 원치 않았다.

골로새서는 믿음에 대한 우리의 이해에 어떻게 기여하는가?

1. 그리스도의 탁월함과 속죄. 거짓 교사들에 의하면, 초보적인 영들은 하나님과 그 백성 사이의 장애물이었고, 금욕주의만이 하나님께 나아가는 길이었다. 그러나 모든 것 위에 뛰어난 그리스도는 십자가에서 화목을 이루셨다(1:15-20). 구원하시는 십자가 사역으로 인해, 그리스도는 홀로 뛰어나신 분이시다(1:22, 27; 2:3, 9-10, 13-14, 20; 3:1, 11-12, 17).
2. 초자연적 세력들을 무력화함. 주권자이신 그리스도는 하나님의 목적을 대적하는 모든 초자연적 세력들을 무력화하신다(2:15). 이 점은 오늘날 서구에서 일어나는 밀교(occultism) 문제에 적실하다.
3. 교회의 하나 됨. 모든 신자는 한 교회를 형성한다(3:11). 골로새 교인을 한 번도 만난 적 없는 바울은(2:1), 지리적으로 떨어져 있을 때조차 그리스도의 몸을 이루는 지체들이 서로 품어야 할 사랑과 애정 어린 관심을 본으로 보여 준다.
4. 교회의 다양성. 차이에 따라 신자들이 나뉘므로, 바울은 아내와

남편, 자녀와 부모, 종과 주인들에게 구체적인 가르침을 준다(3:18-4:1). 모두가 그리스도의 종이지만, 그렇다고 사회적 관계가 제거되지는 않는다.
5. 그리스도의 머리 되심. 모든 세대의 그리스도인은 그 시대의 '철학과 헛된 속임수'(2:8)를 따라가려는 유혹을 받는다. 마음을 허탄하게 하는 종교적 행습은 근본적인 것을 약화시키고 거짓 겸손과 영성을 만든다(2:16-23). 머리이신 그리스도와 연결되지 않는 것을 만회할 수 있는 것은 아무것도 없다(1:15; 2:19).

복습과 토의를 위한 질문

1. 골로새에 있던 거짓 가르침의 특징은 무엇인가? 바울은 그것을 어떻게 반박하는가?
2. 그리스도의 탁월함과 속죄는 어떤 관계인가?
3. 그리스도인이 그리스도와 맺은 관계는 오늘날 살아가는 방식에 어떤 영향을 주는가?(특히 3:1-4:1을 보라)

더 깊은 연구를 위한 자료

초급 David E. Garland, *Colossians/Philemon*. NIVAC (Grand Rapids: Zondervan, 1998).
Sam Storms, *The Hope of Glory* (Wheaton: Crossway, 2008).
중급 N. T. Wright, *Colossians and Philemon*. TNTC (Grand Rapids: Eerdmans, 1986). 「골로새서 빌레몬서」(CLC).
고급 Douglas J. Moo, *The Letters to the Colossians and to Philemon*. PNTC

(Grand Rapids: Eerdmans, 2008).

Marrianne Meye Thompson, *Colossians and Philemon*. THNTC (Grand Rapids: Eerdmans, 2005).

16장
데살로니가전후서

데살로니가전후서의 내용은 무엇인가?

데살로니가전서

1. 바울과 실루아노(실라)와 디모데를 발신인으로 밝히는 전형적인 인사로 시작한다(1:1). 바울은 데살로니가 교인과 복음에 대한 그들의 헌신으로 인해 하나님께 감사한다(1:2-10).

2. 바울은 데살로니가 교인과의 교제에 초점을 둔다(2:1-3:13). 데살로니가에서 복음 사역을 할 때의 상황을 열거한 후(2:1-12), 고난에도 불구하고 데살로니가 교회가 하나님의 말씀을 받은 것에 대해 하나님께 감사드린다(2:13-16). 동일한 박해로 데살로니가 방문을 급히 마쳐야 했던 바울은, 그들의 용기가 이 환난을 견디지 못할까 염려하지만(2:17-3:5), 디모데가 도착해 모두 잘 지내고 있다고 보고했다(3:6-13).

3. 바울은 데살로니가 교인에게 권면한다(4:1-5:11). 그는 '하나님을 기

쁘시게 할' 세 가지 방법, 곧 음란을 피하고, 서로 사랑하며, 자기 손으로 힘써 일해야 함을 상기시킨다(4:1-12). 그들 중 이미 죽은 자들에 관하여는 주님이 다시 오실 때 그리스도 안에서 죽을 자들이 누릴 유익을 언급하며 격려하고(4:13-18), 주님이 다시 오실 날을 생각하며 모범적인 생활을 하라고 종용한다(5:1-11).
4. 간결한 마지막 권면과 소원을 비는 기도, 기도 요청, 인사, 축복의 말로 맺어진다(5:12-28).

데살로니가후서

1. 인사말에서 바울은 다시 실루아노와 디모데를 포함시킨다(1:1-2). 감사와 함께, 박해당하는 데살로니가 교인을 격려하기 위한 기도가 이어진다(1:3-12).

2. 박해로 인해 데살로니가 교인은 주의 날의 현존에 대해 그릇된 생각을 갖게 된 것 같은데, 바울은 이를 바로잡는다(2:1-12). 그들이 믿음에 굳게 서도록 권면하고, 하나님께 그들을 위로해 달라고 기도한다(2:13-17). 또한 바울은 자신과 실라와 디모데를 통해 하나님의 말씀이 속히 퍼져 나가고, 하나님이 자신들을 지켜 주시도록 기도해 줄 것을 요청한다(3:1-5). 주의 날의 현존에 대한 잘못된 믿음으로 인해 더 악화되었을 데살로니가 교인의 게으름 문제에 대해, 바울은 다시 한 번 경고한다(3:6-15; 참고. 살전 4:11-12).

3. 간략한 소원의 기도와 바울의 편지라는 친필 확인, 축복의 말로 끝난다(3:16-18).

데살로니가전후서의 저자는 누구인가?

서로 독립적이면서도 관련된 세 가지 문제가 있다.

1. 공동 저작. 데살로니가전후서는 바울과 실루아노와 디모데 모두를 저자로 언급하지만, 전통적으로 바울 혼자 기록한 것으로 간주된다. 두 편지 모두에서 1인칭 복수(우리)뿐 아니라 1인칭 단수(나)도 나온다. 중재안이 최선일 듯하다. 실루아노와 디모데가 그 편지들과 밀접하게 연관되어 있지만, 바울이 **주된** 저자다. 우리가 듣는 것은 바울의 목소리다.
2. 데살로니가전서에 나타난 사고의 단절. 바울이 아닌 사람이 2:13-16을 편지에 삽입했다는 주장이 있다. 그러나 남아 있는 모든 사본에 이 구절이 포함되어 있으며, 문맥상 의미도 잘 통한다.
3. 데살로니가후서의 저자. 바울은 편지 말미에 자신의 친필임을 밝히고(3:17), 초대교회의 책임 있는 권위자 중 누구도 바울이 저자라는 사실에 문제를 제기하지 않는다. 하지만 많은 현대 학자들은 다음 두 가지 논거로 바울 저작을 부인한다.

   1) 데살로니가후서는 데살로니가전서와 지나치게 **비슷하다**. 편지를 쓴 지 얼마 되지 않아 유사한 내용을 같은 수신자에게 보낼 저자는 없을 것이다. 그러나 이 유사점은 과장되었다.

   2) 데살로니가후서는 단어 선정과 정중한 어조와 종말에 대한 가르침에서 데살로니가전서와 사뭇 **다르다**. 데살로니가전서는 그리스도의 재림이 임박했음을 강조하는데, 데살로니가후서는 재림 전에 특정 '징조들'이 있을 것이라 경고한다. 그러나 이런 초점의 차

이는 목회적 상황이 다르기에 발생했다고 설명할 수 있다. 바울이 같은 시점에 두 관점 모두를 지니고 있었을 수 있다.

바울의 저작을 거부하는 근거들은 설득력이 없고, 가명 서신이라는 주장도 증거가 매우 빈약하기 때문에(살전 3:17과 8장을 보라), 바울이 데살로니가후서를 썼다고 받아들여야 한다.

데살로니가전후서는 어디에서, 언제 기록되었는가?

바울은 2차 선교 여행 중, 주후 48년 또는 49년쯤, 마게도니아에 있는 인구 10만의 활발한 상업 도시 데살로니가를 방문했을 것이다(행 17:1-9). 바울이 잠시 머무는 동안(누가는 그 기간을 명확히 언급하지 않는다) 그로 인해 소동이 일어나, 바울과 실라는 데살로니가를 떠나야 했다. 바울은 넉 달 내지 여섯 달 후인 주후 50년경, 고린도에서 사역하던 중에 데살로니가에서 돌아온 디모데로부터 교회에 대한 좋은 소식을 듣고 데살로니가전서를 기록한 것 같다(3:6). 그리고 그 직후인 50년 말이나 51년 초에 데살로니가후서를 기록한 것으로 보인다.

데살로니가전서를 쓰기 전에 후서를 먼저 썼다는 주장도 있는데, 결정적이지는 않다. 데살로니가후서 2:15을 보면, 바울이 이미 편지 하나를 그들에게 보냈다는 추론이 가능하다. 또 데살로니가전서의 친밀한 어조는 최근에 회심한 무리에게 보내는 첫 번째 편지임을 시사한다.

데살로니가전후서는 왜 기록되었는가?

데살로니가전서

데살로니가전서는 새로 회심한 이들의 믿음을 굳건하게 세워 준다.

1. 바울은 데살로니가 교인에게 그들이 하나님의 능력 있고 믿을 만한 말씀을 통해 변화되었음을 상기시킨다(1:2-10).
2. 바울은 데살로니가를 황급히 떠난 동기에 대한 모든 오해를 불식시킨다(2-3장). 특히 돈을 받는 것과 관련해, 불순한 동기를 지닌 부도덕한 순회 교사들과 아무런 관계가 없음을 밝힌다.
3. 바울은 데살로니가 교인에게 새로운 믿음의 윤리적 함의에 충실할 것을 격려한다(4:1-12).
4. 바울은 몇몇 동료 그리스도인의 죽음과 관련해, 데살로니가 교인을 위로한다(4:13-5:11). 그들은 죽은 그리스도인들의 부활과 살아 있는 자들의 들림받음을 알았을 테지만, 그 둘을 어떻게 연관시켜야 할지 몰랐다. 죽은 신자들이 결국은 부활하겠지만, 주님이 재림하실 때 주님과 기쁨으로 재회하지 못할 수도 있을 것이라 예상하며 슬퍼하고 있었다.

데살로니가후서

데살로니가후서에서도 바울은 기본적으로 동일한 목적을 추구하는데, 특히 새로운 박해로 야기된 문제에 초점을 맞춘다. 박해를 종말의 관점에서 바라보며(1:3-12), 그들의 고난으로 발생했을 두 문제, 즉 주의 날이 이미 임했다는 잘못된 생각(2:1-12)과 그들의 게을러지는 경향(3:6-15)을 다룬다.

데살로니가전후서는 믿음에 대한 우리의 이해에 어떻게 기여하는가?

1. 종말. 보통 데살로니가서의 독특한 기여를 생각하면, 금방 '마지막 일들' 또는 종말을 다루는 신학의 한 분야(종말론)를 떠올린다. 종말에 대한 가르침은 데살로니가전서 4:13-5:11과 데살로니가후서 2:1-12에 집중되어 있다.

  1) 구원. 예수님은 "장래의 노하심에서 우리를 건지[신다]"(살전 1:10).

  2) 위로. 그리스도가 재림하실 때 이미 죽은 신자들과 살아 있는 신자들의 관계를 오해해서 생긴 데살로니가 교인의 슬픔을 위로하기 위해, 바울은 벌어질 일의 정확한 순서를 다른 곳보다 더 자세히 묘사한다(4:13-18). 예수님이 재림하시면, 하나님은 특정 순서에 따라 모든 성도를 예수님과 만나게 하실 것이다. "그리스도 안에서 죽은 자들이 먼저 일어나고", 그런 후에야 여전히 살아 있는 신자들을 "그들과 함께 구름 속으로 끌어올려 공중에서 주를 영접하게" 하실 것이다(4:16-17).

  3) 부활의 때. 죽은 자들의 부활은 예수님이 오실 때 일어날 것이다(4:13-16).

  4) 들림받음. 살아 있는 그리스도인은 재림 시에 그리스도를 만나기 위해 들림받을 것이다(4:17).

  5) 임박성. 바울은 그리스도의 재림이 매우 짧은 기간 안에 일어날 수도 있다고 강하게 기대했다. 이어지는 단락에서는(5:1-11) 그리스도의 재림을 밤에 도둑이 오는 것에 비유한다(5:2). 불신자는 놀라움에 사로잡힐 것이다. 따라서 그리스도가 다시 오실 것임을 아는

그리스도인은 이미 동튼 그날에 합당한 삶을 살며 대비해야 한다 (5:7-8).

6) 이미와 아직. '그날'이 현존함과 동시에 미래에 도래할 것이라는 둘의 결합은, 하나님 나라가 이미 시작되었지만 아직 완성되지는 않았다는 신약의 가르침의 특징을 잘 나타낸다(이는 '이미와 아직' 또는 '시작된 종말론'이라고 알려져 있다).

7) 심판. 하나님은 데살로니가 교인을 핍박하는 이들을 심판하실 것이다(살후 1:6-10).

8) 그리스도의 재림 전에 벌어질 일. 하나님이 당신의 백성을 구원하시고 원수들을 심판하시기 위해 예수님을 통해 개입하실 주의 날은, 배교가 일어나고 불법의 아들들이 나타나는(2:3) 전조적 사건들 후에야 올 것이다.

2. 하나님의 말씀. 바울은 말씀 또는 복음의 메시지를 데살로니가전후서에서 다양한 방식으로 아홉 번에 걸쳐 언급한다. 말씀이 중심이고(1:5-6, 8; 2:2, 4, 8-9, 13; 참고. 살후 3:1), 믿음은 이에 대한 자연스럽고 합당한 반응이다. 바울은 그 장들에서 하나님의 살아 있고 능력 있는 말씀이 방해받지 않도록, 말씀에 맡겨 말씀의 능력이 충만해지도록 최선을 다했다고 강조한다.

3. 하나님의 가족. 데살로니가전서의 전체 주제는 새로운 회심자들의 믿음을 강화시키는 것이다. 바울은 현대 교회가 처한 상황과 다르지 않은 당시의 적대적이고 다원적인 환경 한가운데서 미숙한 그리스도인 공동체를 양육한다. 그는 가족과 동료로부터의 소외와 처음 품었던 영적 열정의 상실 등 새로운 회심자들이 직면한 많은

문제를 다룬다. 그렇게 빨리 생겨난 박해는 그들이 겪고 있던 소외의 직접적이고 고통스러운 증거였다. 바울은 가족의 이미지를 동원해, 그들이 그리스도에 대한 믿음으로 영적이고 영원한 새 가족으로 편입되었음을 상기시킨다. 바울 스스로가 그들에게 아버지와 어머니로서의 역할을 했다(2:7, 11). 따라서 그리스도인은 '형제자매'이며(2:1, 14, 17; 3:7; 4:1, 6, 10, 13; 5:1, 4, 12, 14, 25), 가족의 특징인 형제애를 서로에게 보여 주어야 한다(4:9-10).

복습과 토의를 위한 질문

1. 바울은 왜 데살로니가전후서를 썼는가?
2. 종말론은 어떻게 당신을 위로하는가?
3. 종말론은 현재를 살아가는 그리스도인을 어떻게 자극하는가?

더 깊은 연구를 위한 자료

초급 Michael W. Holmes, *1 and 2 Thessalonians*. NIVAC (Grand Rapids: Zondervan, 1998).

중급 G. K. Beale, *1-2 Thessalonians*. IVPNTC (Downers Grove: InterVarsity Press, 2003).

고급 Gene L. Green, *The Letters to the Thessalonians*. PNTC (Grand Rapids: Eerdmans, 2002).

Leon Morris, *The First and Second Epistles to the Thessalonians*. NICNT (Grand Rapids: Eerdmans, 1991).

17장
디모데전후서·디도서

디모데전후서와 디도서는 보통 '목회서신'이라는 같은 모둠으로 분류된다. 이 명칭은 분명 1700년대 초에 붙여졌다. 이 편지들은 신약에서 유일하게 목회와 목회자를 임명하는 일을 하던 사람들에게 보내진 편지이기 때문에 이러한 명칭은 적절하다.

목회서신의 내용은 무엇인가?

디모데전서

1. 바울은 간단한 문안 인사에서 '우리 구주 하나님'을 언급한다(1:1-2).
2. 바울은 하나님의 경륜을 이루기보다 도리어 논쟁을 일삼는 거짓 율법 교사들에 대해 경고한다(1:3-11). 그는 자신 안에 역사하는 은혜와 긍휼에 대해 그리스도께 감사하고(1:12-17), 디모데가 선한 싸움을 잘 싸우도록 도우려 한다(1:18-20).
3. 바울은 모든 사람, 특히 위정자들이 그리스도인의 성장과 전도에

도움이 되는 환경을 조성하도록 그들을 위해 기도할 것을 촉구한다(2:1-7). 이어 바른 정신으로 기도할 것(2:8)과 여자들의 단정한 옷차림과 생활 방식(2:8-15), 감독과 집사(3:1-10, 12-13)와 집사의 아내 또는 여집사의 자격(3:11)에 대해 언급한다. 또한 하나님의 집에 대한 자신의 관심을 설명한다(3:14-16).

4. 바울은 거짓 교사에 대해 좀더 경고하고(4:1-5), 디모데에게 그리스도의 좋은 일꾼으로서 수고하고 힘쓰라고 권면한다(4:6-16). 그는 노인과 젊은이(5:1-2)와 과부(5:3-16)와 장로(5:17-20)를 대하는 법을 가르치며 불공평하게 대하지 말라고 충고한다(5:21). 이어 목회적 조언(5:22-25)과 종들이 그들의 주인을 공경해야 함을 덧붙인다(6:1-2).

5. 바울은 다시 한 번 거짓 교사와 돈을 사랑함에 대해 경고한다(6:3-10). 디모데는 그러한 것들을 피하고 앞의 권고대로 살아야 한다(6:11-16). 부자는 선을 행함으로 참된 보물을 쌓아야 한다(6:17-19).

6. 바울은 믿음에 굳게 서라는 권면과 은혜를 비는 말로 편지를 마친다(6:20-21).

디모데후서

바울이 다가오는 죽음을 생각하며 쓴(4:6-8) 이 서신에는 특별한 엄숙함이 배어 있다.

1. 전형적인 인사(1:1-2) 후, 바울은 디모데로 인해 하나님께 감사한다(1:3-5).

2. 바울은 디모데를 격려하며(1:6-7), 자신이 복음을 부끄러워하지 않

으니 자신으로 인해 부끄러워하지 말라고 권고한다(1:8-14). 그는 충성됨의 좋은 예와 나쁜 예를 구분한다(1:15-18).

3. 바울은 디모데에게 그리스도의 은혜 안에서 강하라고 권고하고(2:1-7), 복음의 본질들을 상기시킨다(2:8-13). 디모데는 거짓 교사들을 대적하며 올바르게 사는 신실하고 부끄러움 없는 일꾼이 되어야 한다(2:14-26).

4. 바울은 온갖 종류의 악이 횡행할 '말세'의 환난에 대해 예언한다(3:1-9). 주님은 바울을 그의 고통 가운데서 보호하셨다(3:10-13). 바울은 디모데가 어려서부터 배운 교훈, 구체적으로 하나님이 숨을 불어넣은 귀중한 성경의 가르침에 머물라고 권면한다(3:14-17). 디모데는 말씀을 꾸준히 전파해야 한다(4:1-5).

5. 바울은 임박한 죽음을 맞을 준비를 한다(4:6-8). 개인적인 언급을 하고(4:9-18) 인사와 축복의 말로 편지를 맺는다(4:19-22).

디도서

1. 긴 서두 인사에서 바울은 하나님이 영생을 약속하시고 제때에 드러내셨음을 디도에게 상기시킨다(1:1-4).

2. 바울은 교회에 질서를 세우고자 디도를 그레데에 남겨 둔 채 떠났는데, 이제는 각 성에 자격 있는 장로들을 세우라고 권고한다(1:5-9). 바울은 그레데의 '복종하지 아니하는' 많은 사람에 대해 경고한다(1:10-16).

3. 디도는 교회 성도에게 어떻게 살아야 하는지 가르쳐야 한다. 바울은 나이 든 남자(2:2)와 젊은 여자를 가르칠 나이 든 여자(2:3-5)와

남자(2:6-8)와 종(2:9-10)에 관한 구체적 지침을 준다. 모든 신자는 "우리의 크신 하나님 구주 예수 그리스도의 영광이 나타나심"을 기다리며 바르게 살아야 한다(2:11-15).
4. 그리스도인은 권세 잡은 자들에게 복종해야 한다(3:1-2). 바울은 구원받기 전의 삶의 방식과 그리스도인으로서 살아야 하는 방식을 대조하고(3:3-8), 어리석은 분쟁을 피하라고 권한다(3:9-11).
5. 바울은 여러 사람에게 부탁하고, 문안과 축복의 말로 편지를 맺는다(3:12-15).

목회서신의 저자는 누구인가?

목회서신에는 공통점이 많지만, 그 편지들이 같은 시기나 같은 장소에서 기록되었다고 볼 결정적인 증거는 없다. 현대의 비평 학자 대부분은 목회서신을 가명 저작으로 본다. 저자가 바울이 아니라, 누군가 자기 시대의 사람들에게 바울이 했음직한 말을 기록한 것으로 본다는 말이다(가명 서신에 대해서는 8장을 보라). 바울 저작을 부인하는 그들의 주장과 그에 대한 반론은 다음과 같다.
1. 어휘와 구문. 목회서신의 단어와 단어의 배열(구문)이 바울의 다른 서신과 너무 다르다는 주장이다. 사실 목회서신에는 바울의 다른 편지에서는 발견되지 않는 306개의 단어들이 나온다. 그러나 이것 자체가 바울의 저작을 부인할 근거는 되지 못한다. 그 단어들 대부분이 바울 당시에 쓰였음이 확인된 만큼, 바울이 그 단어들을 사용했다고 보는 것은 타당하다. 세 편지의 독특한 어휘와 구문은

상이한 대필자와 주제와 특정한 도전에 직면한 독자들(교회라기보다는 목회자들)의 차이 같은 다양한 요인으로 설명될 수 있다.

2. 수사학적 문체. 목회서신의 구성과 논증 양식이 바울의 다른 서신과 너무 다르다는 주장이다. 그러나 거의 사반세기에 걸쳐, 특히 바울 서신이 보여 주듯이 다양한 개인과 집단을 대상으로 편지를 썼다면, 한 저자에게서도 표현의 범위가 넓을 수 있다고 보는 것이 합리적이다.

3. 역사적 문제. 목회서신에 나타난 역사적 상황이 사도행전과 바울의 다른 서신에 나타난 그의 삶과 조화되기 어렵다는 주장이다. 그러나 오히려 목회서신에 나타난 모든 역사적 언급은 정확하고, 바울의 생애와 잘 들어맞는다.

    1) 이 사건들은 첫 번째 로마 투옥(행 28장) 이후 바울이 로마에서 순교하기 전에 발생했을 가능성이 높다.

    2) 목회서신에 있는 역사 자료들은 바울이 첫 번째로 로마 감옥에 갇히기까지의 바울의 알려진 사역 범위와 들어맞을 **수 있다**. 다른 사건들이 끼어들 만한 거대한 시간적 공백이 있기 때문이다.

    3) 바울의 저작을 부인하면 실제 역사를 말하는 모든 개인적 회상들을 적절히 설명하지 못한다(예. 딤전 1:3; 3:14-15; 딤후 1:16-17; 4:13; 딛 3:13).

4. 추가된 역사적 충돌. 목회서신이 바울이 죽은 후에나 문제가 된 거짓 가르침(영지주의)을 논박하는 것 같다는 주장이다. 나아가 몇몇 사람들은 목회서신이 바울의 사역 기간에는 존재하지 않던 견고하게 조직된 교회 구조(예. 안수 받은 사역자)를 전제한다고 본다. 그러

나 이러한 주장 역시 바울의 저작을 부인할 강력한 논거를 제시하지는 못한다. 목회서신에 묘사된 모든 거짓 가르침은 바울의 사역 기간 동안 알려진 것들에 잘 들어맞는다(참고. 골로새서). 교회 조직과 관련해, 목회서신은 빌립보서 1:1의 '감독들과 집사들' 이상의 조직을 요구하지 않는다고 주장할 수도 있다.

5. 신학. 목회서신에는 구원을 가리키는 헬라어 용어가 나오는데, 몇몇 학자들은 이 단어를 바울이 사용한 것으로 인정하기 힘들다고 주장한다. 그러나 자세히 살펴보면, 그런 표현들에 바울이 다른 곳에서 썼던 단어 및 구문들이 포함되어 있음을 알 수 있다. 또한 이 편지들에 나오는 다른 많은 용어도 바울의 다른 서신과 조화된다.

목회서신은 어디에서, 언제 기록되었는가?

디모데전서와 디도서

바울은 이 편지들을 로마에서 처음 투옥되었다가 풀려난 후, 그러니까 60년대 초나 중반 즈음에 작성했을 것이다.

바울은 이 시기에 선교에 열중하고 있었다. 기록 장소를 확정적으로 말할 수 있을 만한 충분한 정보는 없다. 디모데전서는 마게도니아에서(1:3) 기록되었다는 것이 최선의 제안이다. 디도서는 바울이 겨울을 보낼 계획으로 니고볼리로 가는 도중 또는 도착해서 작성한 것 같다(3:12).

디모데후서

디모데후서는 바울이 로마에서 두 번째로 투옥되어 처형을 앞두고 있을 때 기록된 것 같다(1:16-17; 4:6). 대략 60년대일 것이며, 아마 64년이나 65년 쯤일 것이다.

목회서신은 누구를 대상으로, 왜 기록되었는가?

바울은 디모데의 멘토였다. 바울의 첫 번째 편지는 교회의 감독인 디모데에게 필요한 지침을 주기 위해 기록되었다. 두 번째 편지는 정말 개인적이어서, 목회서신 중에 가명 저작을 주장하기 가장 어려웠을 것이다(참고. 1:4-6, 15-18; 2:1-2, 22-26; 3:14-15; 4:2, 5, 9-22).

디도서는 바울이 신뢰하는 조력자에게 쓰였으며, 바울은 그가 책임 있게 행동하기를 기대했다(1:4; 3:12-15).

목회서신은 믿음에 대한 우리의 이해에 어떻게 기여하는가?

디모데전서

1. 멘토링. 바울은 디모데를 지도하며 그를 점점 더 아끼게 되었다(참고. 고전 4:17; 빌 2:20; 살전 3:2). 바울은 디모데를 아들에 비교하고(빌 2:22; 딤전 1:2; 참고. 살전 3:2), 여섯 편지의 서두 인사에서 자신의 사역과 관련시킨다(고후; 빌; 골; 살전후; 몬). 그리스도인은 주님의 사역에 동참하고 있으며, 서로 도울 수 있고 또 도와야 할 중요한 일들이 많다.

2. 교회의 리더십. 사역에 임하는 사람은 책망할 것이 없어야 하고(3:2-13), 인격보다 교회 활동에 집중하는 함정을 지혜롭게 피해야

한다. 감독(3:1-7)은 장로(5:17-19; 참고. 딛 1:5-7)나 목사라는 호칭을 대체한 것인 듯하다. 바울은 여자는 다른 역할을 받았고, 남자를 가르치거나 주관해서는 안 된다고 주장한다(2:11-13). 가르치는 능력은 집사에게 요구되지 않은 자격이다(3:2, 8-12).

3. 그리스도인의 삶. 모든 그리스도인은 바르게 살아야 하지만(3:14-15), 여자(2:9-15)와 나이 든 사람과 젊은이(5:1-2)와 과부(5:3-16)와 종(6:1-2)과 부자(6:17-19) 모두 역할에 따라 책임이 각각 다르다.

4. 불필요한 논쟁. 그리스도인은 불필요한 논쟁을 피해야 한다(1:4; 4:3, 7; 6:4-5).

5. 돈. "경건을 이익의 방도로 생각하는 자들"에 대한 바울의 경고는 돈 중심으로 돌아가는 우리의 문화에서 특별히 적실하다(6:5). 현대 교회는 "돈을 사랑함이 일만 악의 뿌리가 되나니"(6:10)라는 훈계에 귀를 기울여야 한다.

6. 복음의 중심성. 건전한 교리는 복음의 본질에 기반을 두고 있으며(1:10하-11; 2:5-7), 디모데는 어떤 환경에 처하든지 모든 교회의 삶의 중심인 복음을 전해야 한다.

디모데후서

1. 순교. 바울은 기독교 신앙을 고수해 처형당하기 직전이었다(4:6-8). 처형대의 그림자 아래서 신뢰하는 후배에게 쓴 바울의 마지막 편지에는 그가 중요하게 생각한 것이 무엇인지 잘 드러난다. 바울은 그리스도인 순교자가 죽음을 어떻게 대해야 하는지 보여 준다(이 점은 우리 시대와 매우 밀접하게 관련되어 있다. 지난 150년 동안 이전 18세

기를 합한 것보다 더 많은 그리스도인 순교자가 발생했기 때문이다). 바울은 잠잠히 앞에 있는 것을 바라보는데, 평온한 믿음이 그가 하는 모든 것을 지탱해 준다. 그는 광신적이지도 과시적이지도 않다.

2. 타협할 수 없는 복음. 그리스도인은 하나님이 이미 이루신 일에 모든 삶의 기초를 두고, 하나님의 구원하시는 행동의 결과에 걸맞게 살아야 한다. 신자는 하나님을 어떻게 섬길 것인지에 대한 지침을 받고, 자기들만 실행해서는 안 된다. 바울의 가르침은 이 세상이 지속하는 한 계속 전해져야 한다(2:2). 기독교 신앙의 본질은 협상의 대상이 아니다. 하나님은 말씀하셨는데, 우리는 기를 쓰고 그 말씀을 등한시한다(3:16-17).

3. 희생적인 섬김. 제자도는 큰 대가를 요구하며 종종 고난을 동반한다(1:8, 12; 2:9, 12; 3:11-12). 그리스도인의 섬김은 군인과 운동선수와 수고하는 농부에 비유된다(2:3-6). 구원은 하나님이 값없이 주시는 선물이지만, 거기에는 책임도 따른다. 구원의 의미를 삶으로 실천할 때, 신자는 반드시 어려움을 만나게 되고, 십자가에서 죽게 하시려고 아들을 보내신 하나님을 섬기려면 언제나 대가를 치러야 함을 알게 된다.

4. 반대. 그리스도인은 반대에 직면하는데, 때로는 그리스도인임을 자처하는 다른 사람들로부터 그러한 일을 당한다. 그리고 바울은 진리에서 떠나 방황하는 사람들에 대해 경고한다(2:14-18; 3:1-5; 4:3). 건전하고 분명한 가르침은 매우 중요하다(1:13; 2:19).

디도서

1. **변화시키는 복음.** 디도서는 기독교의 문화적 기능이라고 할 수 있는 것을 소개한다. 디도는 문화적으로 절망적인 환경에 둘러싸인 신생 교회를 위해 장로들을 세울 책임이 있었다(참고. 1:12). 이는 교회가 아늑하고 점잖은 중산층 환경에서만 기능하도록 의도된 것이 아님을 가리킨다. 오히려 복음은 가장 가망 없어 보이는 사람을 향한다. 이 점은 회심자(2:3-4, 10; 3:1-2)에 대한 권고에도 나타나는데, 여기서 바울은 그레데인의 의심스러운 배경에도 불구하고 그들이 기독교적 인격이란 자질을 함양할 수 있다고 기대한다.

2. **반대를 무릅쓴 복음 전파.** 기독교 교사는 적대적인 교사들이 어떤 강도와 내용으로 반대해도 복음 전하는 일을 지속해야 한다(1:10-16; 3:9-11).

3. **하나님의 은혜.** 바울은 우월 의식을 갖고 있지 않다. 그는 모든 것이 "우리 구주 하나님의 자비와 사람 사랑하심", 특히 그리스도 안에서 하나님이 하신 일에서 비롯되었다고 고백한다(3:3-7). 바울은 그레데인에게 가장 높은 기준을 제시하는데, "모든 사람에게 구원을 주시는 하나님의 은혜가 나타[났기]" 때문이다(2:11). 기독교의 도는 사람들에게 자신을 의지하지 말고, 어떻게 살지 '가르쳐 주시는' 하나님의 은혜를 의지하라고 촉구한다(2:12).

4. **그리스도의 오심.** 바울은 "복스러운 소망과 우리의 크신 하나님 구주 예수 그리스도의 영광이 나타나심을 기다리게 하셨으니"라고 말하며, 하나님이 그리스도 안에서 하신 일의 완성을 기다린다(2:13).

복습과 토의를 위한 질문

1. 목회서신 세 권 모두에 공통된 주제는 무엇인가?
2. 디모데후서에서 바울의 상황은 다른 두 편지와 어떻게 다른가?
3. 왜 이 편지들은 특별히 교회 지도자에게 도움이 되는가?

더 깊은 연구를 위한 자료

중급 Andreas J. Köstenberger, "The Pastoral Epistles." pp. 487-625 in *Ephesians–Philemon*. EBC 12 (Grand Rapids: Zondervan, 2006).
Philip H. Towner, *1-2 Timothy and Titus*. IVPNTC (Downers Grove: InterVarsity Press, 1994).

고급 Philip H. Towner, *The Letters to Timothy and Titus*. NICNT (Grand Rapids: Eerdmans, 2006).

18장
빌레몬서

빌레몬서의 내용은 무엇인가?

1. 빌레몬서는 전형적인 문안 인사와 감사로 시작한다(1-7절).
2. 바울은 자신이 전도해 지금은 '유익한'이라는 이름에 합당한 삶을 살고 있는 노예 '아들 오네시모'를 위해 빌레몬에게 부드럽게 호소한다(8-11절).
3. 바울은 오네시모의 주인 빌레몬이 오네시모와 (더 이상 종이 아니라) 형제로서 화해하고, 오네시모가 돌아와 자신의 사역에 동참할 수 있도록 돌려보내 주길 바란다(12-16절).
4. 바울은 빌레몬에게 오네시모를 동료 신자로 받아들이라고 재차 권하고, 오네시모로 인해 손해 본 것을 다 갚아 주겠다고 말한다(17-19절). 바울은 빌레몬이 회심했을 때 자신이 중요한 역할을 했음을 은근히 전한다.
5. 바울은 마지막 간청으로 편지의 본문을 정리한다(20절; 참고. 7절).

6. 바울은 자신이 요청한 것 이상으로 빌레몬이 행할 것이라 확신하는데, 이는 오네시모에게 자유를 주라는 암시인 것 같다(20-21절). 바울은 여행 계획과 인사와 축복의 말로 편지를 맺는다(22-25절).

빌레몬서의 저자는 누구인가?

최근의 학자들은 만장일치로 바울이 편지를 썼다고 본다.

빌레몬서는 언제, 어디에서 기록되었는가?

바울은 빌레몬서와 골로새서를 같은 시기에 같은 장소, 즉 60년대 초 로마에서 기록한 것 같다. 두 편지 모두 디모데를 공동 발신자로 소개하고, 바울을 수감 중인 것으로 묘사하고, 에바브라와 아킵보를 언급하고, 마가와 아리스다고와 데마와 누가를 바울의 동역자로 소개하고, 오네시모를 언급한다. 오네시모는 골로새에 거주했기 때문에(골 4:9), 빌레몬 역시 골로새에 살았다고 간주해도 문제가 되지는 않는다.

빌레몬서는 누구를 대상으로, 왜 기록되었는가?

빌레몬서는 바울 서신 중 가장 짧고 가장 개인적인 편지다. 그러나 두 사람 간의 개인적 기록 이상으로서(1-2절), 단순한 사적 편지와 더 많은 독자를 대상으로 한 공적 편지 중간에 위치한다.

바울은 빌레몬(우리는 그가 노예의 주인이고 자신의 집을 교회로 사용하는 사람이라는 것밖에 모른다)에게 민감한 문제로 편지를 쓴다(2절). 왜 이런 편지를 썼는지에 대해서는 최소한 두 가지 견해가 있다.

1. 오네시모는 빌레몬에게서 도망친 종이었는데, 로마의 감옥에 갇혀 있던 바울을 만나 회심했다. 바울은 로마법에 따라 오네시모를 주인에게 돌려보낸다. 상황을 설명하고자 바울은 빌레몬에 세심하게 편지를 써 오네시모를 형제로 받아들이고 심지어 그를 자유롭게 놓아 주라고 권면한다. 이 전통적인 설명에는 다음의 핵심적인 문제가 하나 있다. 오네시모가 자신의 주인을 아는 수감자를 어떻게 만나게 되었을까? 한 가지 그럴듯한 답은, 오네시모가 로마까지 성공적으로 도망친 후 자신의 탈출을 재고하며 바울에게 보호와 도움을 청했을 가능성이다.
2. 오네시모는 도망친 종이 아니라 자기 주인과 관계가 나빠져 바울의 중재를 요청한 종이다. 그러나 이 견해는 가능성이 별로 없는데, 오네시모가 중재자를 찾기 위해 먼 로마(그곳이 바울이 있었던 곳이라면)까지 갔다고 봐야 하기 때문이다.

빌레몬서는 믿음에 대한 우리의 이해에 어떻게 기여하는가?

1. 희생적 사랑. 빌레몬서는 그리스도의 몸이 마땅히 어떠해야 하는지를 보여 주는 상호 간의 사랑과 존중을 아름답게 그려 낸다. 세 주인공은 동료 신자의 유익을 위해 자신의 유익을 희생해야 한다(참고. 빌 2:4).
    1) 오네시모는 주인에게 돌아가 그의 권위에(그리고 있을지 모를 처벌

에) 복종해야 한다.

2) 바울은 자신의 사도적 권위를 사용하길 거부함으로써 동료 그리스도인에게 한 사람의 그리스도인으로 호소한다.

3) 빌레몬은 바울의 요구 때문이 아니라 기독교적 사랑으로 행하도록 격려받는다. 바울은 (부분적으로는 오네시모가 바울에게 매우 소중하기에) 빌레몬을 미묘하게 압박하지만 선택은 빌레몬에게 넘긴다.

2. 노예 제도. 빌레몬서는 노예 제도를 기독교적으로 이해하는 데 기여한다. 바울은 빌레몬서나 자신의 다른 편지에서 노예 제도 자체를 비난하지는 않는다(신약 저자들도 노예 제도를 단순히 다루지 않는다). 바울은 오네시모가 회심함에 따라 자신의 주인과 완전히 새로운 관계에 놓이게 되었음을 분명히 하고, 오네시모가 여전히 빌레몬의 종이지만 빌레몬이 오네시모를 적어도 그의 형제로 대해야 함을 명확히 밝힌다. 그러나 바울은 그 이상을 말하고 있는가? 확실하지 않지만 바울은, 오네시모가 얻은 새로운 영적 지위의 사회적 함의에 대해 암시하는 듯하다. 둘은 이제 형제가 되었기에 빌레몬은 더 이상 오네시모를 종으로 간주해서는 안 된다고 말이다.

복습과 토의를 위한 질문

1. 빌레몬서의 내용이 무엇인지 자신의 말로 묘사하라.
2. 이 편지가 왜 성경에 포함되었다고 생각하는가? 이 편지의 영속적인 가치는 무엇인가?

더 깊은 연구를 위한 자료

초급 David E. Garland, *Colossians/Philemon*. NIVAC (Grand Rapids: Zondervan, 1998).
Sam Storms, *The Hope of Glory* (Wheaton: Crossway, 2008).
중급 N. T. Wright, *Colossians and Philemon*. TNTC (Grand Rapids: Eerdmans, 1986). 「골로새서 빌레몬서」(CLC).
고급 Douglas J. Moo, *The Letters to the Colossians and to Philemon*. PNTC (Grand Rapids: Eerdmans, 2008).
Marrianne Meye Thompson, *Colossians and Philemon*. THNTC (Grand Rapids: Eerdmans, 2005).

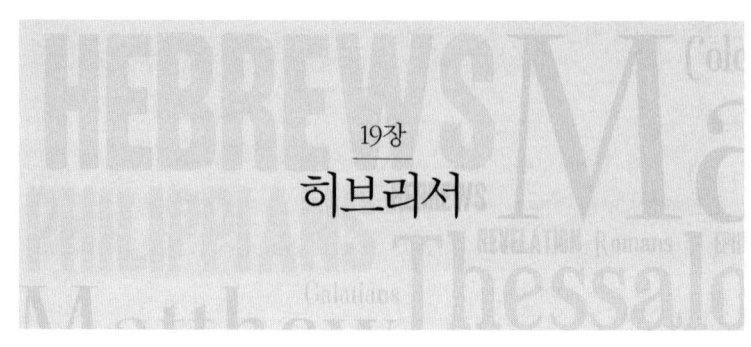

19장
히브리서

히브리서의 내용은 무엇인가?

히브리서의 주제는 그리스도의 탁월함이다. 그분의 절대적인 탁월함은 천사나 인간과 비견되지 않는다. 그분이 시작하신 언약은 이전의 어떤 언약보다 우월하며, 그분의 제사장직은 레위보다 뛰어나고, 그분이 드린 희생은 모세의 율법 아래 드린 희생보다 탁월하다. 구약의 제일 되는 목적이 그분을 예기하고 가리키는 것이다. 저자는 편지 전반에 걸쳐 설명과 권면을 엮으며 그리스도의 탁월함을 강조하고, 독자에게 기독교 신앙에서 떠나지 말 것을 경고한다(2:1-4; 3:7-4:11; 4:14-16; 5:11-6:12; 10:19-39; 12:1-13:17).

1. 하나님의 아들 예수 그리스도를 통한 계시는 지고하고 최종적이다(1:1-4). 그 아들은 천사보다 뛰어나시다(1:5-14). 경고: 이 최고의 계시에서 떠나지 말라. 특히 하나님은 이전의 부족한 계시를 무시한 이들도 혹독하게 심판하셨기 때문이다(2:1-4). 예수님은 '자비롭고

신실한 대제사장'이시지만 유한하고 타락한(천사가 아님) 인간과 같이 되셨다(2:5-18).

2. 모세와 예수님 모두 하나님의 집에서 신실하게 섬겼지만, 예수님은 "모세보다 더욱 영광을 받을 만한" 분이시다(3:1-6). 경고: 불신으로 떨어지지 말고 모세 세대의 많은 사람들처럼 하나님의 안식을 고대하라(3:7-4:11). 이 계시의 권위에서 벗어나려는 것은 참으로 어리석은 짓이다(4:12-13).

3. 예수님은 큰 대제사장이시다. 그분은 우리의 연약함을 동정하는 분이시며(4:14-16), 옛 언약의 대제사장에게 적용된 자격 요건에 가장 완벽하게 일치하신다(5:1-10). 경고: 떨어져 나가지 말라(5:11-6:20). 영적인 미성숙에서 벗어나라(5:11-6:3). 배교는 회복될 수 없기에(6:5-8) 하나님의 약속의 확실함 안에서 견뎌라(6:9-20).

4. 멜기세덱의 제사장직은 레위 지파의 제사장직보다 뛰어난데, 예수님은 멜기세덱에 속하셨다(7:1-28; 참고. 5:6, 10; 창 14:18-20; 시 110). '아무것도 온전하게 못[하는]'(7:19) 옛 언약의 희생과 달리 예수님의 희생은 효력이 영원하며, "자기를 힘입어 하나님께 나아가는 자들을 온전히 구원하실 수 있[다]"(7:25). 쓸모없어진 옛 언약의 대제사장과 성소는 단지 새 언약의 대제사장이신 예수님의 그림자일 뿐이다(8:1-13; 참고. 렘 31:31-34). 성소에서의 예배(9:1-10)는 그리스도의 희생의 영원한 효력과 대조된다(9:11-28). 옛 질서는 새 언약의 실재의 '그림자일 뿐'이다(10:1-10). 심지어 새 대제사장이 보좌에 앉으신 것도 그분의 희생적 사역의 궁극성과 영원한 효력을 입증한다(10:11-18).

5. 경고: 인내하라! 도피하는 것은 새 언약의 배타적 충분성에서 볼 때 지극히 위험하다(10:19-39). 인내하는 믿음이 필요한데, 이에 대한 모범은 성경 전체에서 찾을 수 있다(11:1-40). 하나님께 가는 길을 열어 우리의 믿음의 '주'가 되시고, 필요한 모든 것을 완성하여 '온전하게' 하신 예수님을 바라보라(12:1-3). 시련은 하나님의 사랑의 손길에서 나오는 징계다(12:4-11). 변절하는 자는 에서 같은 자들이다(12:12-17). 옛 언약에 속한 세상의 시내 산은 그리스도인이 모여드는 하늘의 시온 산과 대조된다. 그러므로 인내하라(12:18-29).
6. 결론적인 권고에서는 넘어질 만한 특정한 가능성들에 대처한다(13:1-17). 저자는 기도 요청(13:18-19)과 자신의 기도와 송영(13:20-21)과 몇 가지 개인적 언급(13:22-23)과 작별 인사와 축복의 말(13:24-25)로 편지를 끝맺는다.

히브리서의 저자는 누구인가?

우리는 히브리서를 누가 기록했는지 모른다. 바울이 저자라는 주장도 있지만 가능성은 매우 낮다. 어휘와 문체의 차이점이 많다는 것 자체가 바울의 저작 가능성을 제외시키지는 않지만 그럴 가능성은 적게 만든다. 중요한 점은 바울은 통상 자신의 편지 서두 인사에서 이름을 밝히는 반면, 히브리서의 시작 부분에는 그것이 나타나지 않는다는 사실이다. 무엇보다 바울이 자신을 주님께로부터가 아닌 주님에게서 '들은 자들'로부터 복음을 전해 들은 사람 중 하나로 간주하기란 거의 불가능하다(2:3; 참고. 갈 1:11-12). 요즘은 바울의 저작 가능성을 주장하는 사람은 거의 없다.

가능성 있는 저자로 바나바, 아볼로, 아굴라, 브리스길라, 실라, 디모데, 에바브라, 빌립 집사, 예수님의 어머니 마리아, 누가, 로마의 클레멘스 등이 거론된다. 저자를 추측하기보다 누가 히브리서를 기록했는지 알 수 없다고 인정하는 것이 차라리 낫다. 수많은 구약 인용 중에 히브리어 구약을 전혀 의존하지 않은 것을 볼 때 저자가 헬라어 구약성경에 정통했음을 알 뿐이다. 그는 그리스도인이 된 잘 교육받은 헬라 유대인으로 2세대 신자였을 것이다(히 2:3). 그가 누구인지를 히브리서의 최초 독자들은 확실히 알고 있었을 것이다.

히브리서는 어디에서 기록되었는가?

히브리서가 어디에서 기록되었는가에 대한 증거는 더 적다. 유일하지만 분명한 실마리가 "이달리야에서 온 자들도 너희에게 문안하느니라"라고 언급하는 13:24에 있다. 그러나 이 표현은 모호한데, 편지를 이달리야에서 기록했거나 이달리야로 보낸다는 의미 모두 가능하기 때문이다. 심지어 둘 중 어느 것도 의미하지 않을 수 있다. 이 편지나 개념적 범주들에 대한 분석은 편지 자체보다는 편지의 독자 대상에 대해 더 많이 알려 줄 것이다.

히브리서는 언제 기록되었는가?

주후 60년에서 100년 사이의 어떤 시기든 가능하지만, 주후 70년 이전으로 보는 증거가 더 많다. 이는 70년에 로마가 성전을 파괴한 후 예루살렘에서 제사가 중지되었다는 사실에 의해 뒷받침된다. 저자는 편지를 쓰는 시점에서 희생 제사가 여전히 시행되고 있다는 인상을 준다(예. 8:13; 10:1-3). 희생 제사가 이미 중지되었다면, 저자의 주장은 다른 식으로 이뤄져야 했을 것이다.

히브리서는 누구를 대상으로, 왜 기록되었는가?

히브리서의 목적에 관한 판단은 수신자가 누구인가에 대한 이해와 밀접하게 관련되어 있다. 저자가 독자들의 삶의 경험을 언급하는 것으로 보아(예. 10:32-34), 우리는 저자가 특정 무리를 염두에 두고 편지를 썼다고 추측할 수 있다. 독자들의 거주지로는 알렉산드리아, 안디옥, 비두니아와 본도, 가이사랴, 골로새, 고린도, 구브로, 에베소, 예루살렘(또는 팔레스타인), 로마, 사마리아 등이 거론된다. 기록 장소로는 로마가 가장 유력하지만, 추측할 수 있을 뿐이다. 다행히 독자들의 지리적 위치에 대한 이해는 주해적 문제들을 크게 좌우하지 않는다.

그리스도인에게 신앙고백을 지키도록 권면하기 위해 히브리서를 기록했다는 데 모든 학자가 동의하지만(예. 3:6, 14; 4:14; 10:23), 그들이 헬라인이었는지 유대인이었는지에 대해서는 의견이 엇갈린다. 저자는 독자들이 어떤 형태의 유대교로 되돌아갈지도 모르는 이유를 슬쩍 내비친다(예. 13:7-9, 13). 그러나 저자는 '이유'보다는 '결과'에 관심이 있다. 그들은 그리스도의 희생과 제사장적 사역을 상대화하고 사실상 그것들을 부인한다. 그리고 그렇게 함으로써 그들은 배교에 위험스레 가까워지고 있다. 저자는 순전히 이러한 재앙을 막고자 이 편지를 썼다.

히브리서의 장르는 무엇인가?

히브리서는 서두 인사와 발신자와 수신자에 대한 언급 없이 시작하는 두 개의 신약 서신 중 하나다(다른 하나는 요한1서다). 그러나 히브리서는 편지처럼 끝나며(13:20-25), 저자는 특정 독자를 염두에 두고 있다(참고. 5:12; 6:10; 10:32). 히브리서는 본래 한 편 또는 여러 편의 설교였다가 하나의 편지가 되었을 것이다.

히브리서의 구조는 뜨거운 논쟁의 대상이지만 메시지는 분명하다.

히브리서는 믿음에 대한 우리의 이해에 어떻게 기여하는가?

1. 예수님의 위격과 사역. 히브리서는 예수님의 제사장적 사역과 희생의 궁극성, 아들 됨의 본질, 성육신의 중요성, 우리 믿음의 '선구자'로서의 그분의 역할 등에 대한 이해를 풍성하게 한다. 이와 관련해 히브리서에서 두드러진 관련 주제는 온전함(예. 7:11, 19, 28), 안식일과 안식(4:1-11), 믿음(11장), 새 언약(예. 8:6-13)이다.
2. 해석을 위한 모델. 저자의 광범위한 구약 인용은 우리로 하여금 1세기 그리스도인이 구약을 어떻게 해석했는지를 탐구하게 한다. 또한 히브리서에서 우리는 예표론과 예언, 히브리 백성의 역사와 특정 구약 본문들의 상호작용을 발견한다. 이렇게 히브리서는 성경을 귀납적·전체적·역사적으로 읽고, 특정 본문을 구원 역사의 맥락에서 해석하는 데 필요한 실제적인 요소들을 많이 제공한다.
3. 하나님의 백성. 히브리서는 하나님의 백성이 어떻게 (옛 언약 아래 있

는) 이스라엘에서 (새 언약 아래 있는) 교회로 이동했는지를 이해할 수 있는 실마리를 던져 준다.
4. 인내. 히브리서는 배교와 종교적 형식주의에 근거한 위안에 대해 분명하게 경고하며 그리스도인에게 인내하라고 촉구한다.

복습과 토의를 위한 질문

1. 히브리서에 의하면 그리스도는 무엇보다 탁월하신가? 왜 그런가?
2. 그리스도인임을 자처하는 신자가 반드시 조심해야 할 것은 무엇인가?
3. 새 언약의 새로운 점은 무엇인가?

더 깊은 연구를 위한 자료

초급 Donald A. Hagner, *Encountering the Book of Hebrews* (Grand Rapids: Baker, 2002). 「히브리서의 신학적 강해」(크리스챤출판사).
George H. Guthrie, *Hebrews*. NIVAC (Grand Rapids: Zondervan, 1998).
중급 R. T. France, "Hebrews." pp. 17-195 in *Hebrews-Revelation*. EBC 13 (Grand Rapids: Zondervan, 2006).
고급 Peter T. O'Brien, *The Letter to the Hebrews*. PNTC (Grand Rapids: Eerdmans, 2010).

20장
야고보서

야고보서의 내용은 무엇인가?

1. "흩어져 있는 열두 지파에게 문안하노라"라는 서두로 시작한다(1:1).
2. 시련과 성숙(1:2-18). 그리스도인은 고난 속에서 그 의미와 목적을 발견하고(1:2-4), 믿음으로 지혜를 구하며, 기도해야 한다(1:5-8). 기독교 세계관을 가난과 부(1:9-11), 시험과 유혹(1:12-15)에 적용해야 한다. 하나님은 온갖 좋은 은사의 근원이시다(1:16-18).
3. 진정한 기독교는 행함에서 나타나야 한다(1:19-2:26). 이 단락은 연관된 세 개의 단어에 초점을 맞춘다.

    1) '[하나님의] 말씀'(특히 1:19-27). "마음에 심어진 말씀을 온유함으로 받[고]"(1:21), 섣부른 말과 성냄을 피하는 것(1:19-20) 등 하나님의 말씀을 '행함'으로 참되게 그 말씀을 받으라(1:22-27)고 말한다.

    2) '율법'(특히 2:1-13). 그리스도인은 다른 사람을 차별하지 않음으로 '최고의 법'을 지키고 심판을 면하게 된다.

3) '행위'(특히 2:14-26). 진정한 믿음에는 순종이 늘 따르며 행위로 증명된 믿음만이 구원을 가져온다.
4. 공동체의 분쟁(3:1-42). 혀의 권세와 위험을 인식하라(3:1-12). 분쟁은 그릇된 지혜(3:13-18)와 좌절된 욕망(4:1-3)에 기인한다. 타협한 기독교를 참회하고(4:4-10), 서로 중상하거나 판단하지 말라(4:11-12).
5. 기독교 세계관의 함의(4:13-5:11). 우리의 모든 계획 속에서 하나님을 의식하라(4:13-17). 주님이 다시 오실 때 하나님은 악한 부자를 심판하시고(5:1-6) 의인에게 상 주실 것이다(5:7-11).
6. 결론적 권면(5:12-20). 맹세하지 말라(5:12). 기도하되, 특히 육신의 치료를 위해 기도하고(5:13-18), 서로의 영적 건강을 돌보라(5:19-20).

야고보서의 저자는 누구인가?

서두에 "하나님과 주 예수 그리스도의 종 야고보"(1:1)가 편지를 썼다고 나온다. 알려지지 않은 야고보일 수도 있지만, 자신을 간략히 표현한 것으로 보아 잘 알려지고 신약에서 언급되었던 인물이었을 가능성이 높다. 저자일 만한 사람들은 다음과 같다.

1. 세베대의 아들이자 요한의 형제이고 열두 제자 중 하나인 야고보(예. 1:19; 5:37; 9:2; 10:35; 14:33)는 44년쯤에 순교했다(행 12:2). 이 시기는 야고보서의 기록 시기로는 너무 이르다.
2. 알패오의 아들이자 역시 열두 제자 중 하나인 야고보(막 3:18, 아마도 15:40)는 잘 알려지지 않았다.
3. 유다의 아버지 야고보(눅 6:16; 행 1:13)는 더 알려지지 않았다.

4. 어떤 사람은 가명 저자(야고보의 이름을 빌린 알려지지 않은 기독교 저자)가 기록했다고 주장하나, 이는 고대 세계에서 가명 편지의 수용에 관한 심각한 반대에 부딪힌다(8장을 보라).
5. 예루살렘 교회에서 지도적인 역할을 하고 이름이 야고보인 사람들 중 신약에서 가장 많이 알려진 예수님의 동생 야고보('주의 형제' 갈 1:19)가 저자라는 주장이 널리 수용된다(행 12:17; 15:13; 21:18을 보라). 이는 야고보서 자체의 주장과 의미상 자연스럽고, 신약과 초대 기독교 자료와도 일치한다. 이에 대한 결정적인 반론은 없다.

야고보서는 어디에서, 언제 기록되었는가?

야고보는 예루살렘 교회의 지도자로 섬기던 시기에 예루살렘에서 이 편지를 기록했을 것이다. 저자를 예수님의 동생 야고보로 생각하는 일부 사람들은 야고보서가 주후 62년 그의 순교 직전에 쓰였을 것으로 보기도 한다. 이렇게 늦은 시기를 주장하는 근거는 다음과 같다. 야고보가 2:14-26에서처럼 바울의 편지 내용에 반응하기 위해서는, 바울 서신이 충분히 알려질 시간이 필요했을 것이다. 그러나 이 구절은 바울의 저작들 자체에 대한 반응이라기보다는 믿음으로만 의롭게 되는 것을 윤리적 방종의 구실로 이용했던 것, 즉 바울의 가르침에 대한 간접적이고 부정확한 이해에 대한 반응이라고 보는 것이 훨씬 타당하다. 따라서 바울에 대해서 듣거나 바울의 편지를 읽기 **전에** 야고보가 자신의 편지를 기록했다는 주장도 가능하다. 칭의에 대한 바울의 가르침이 교회에 영향을 끼치기 시작했지만, 기록 시기는 48년이나 49년 예루살렘 공회(행 15장)에서 바울이 야고보와 칭의에 대해 토론하기 전일 수도 있다. 더 가능성 있는 시나리오는 46-48년 사이로, 이는 편지의 상황과 강조점에 잘 맞는다.

야고보서는 누구를 대상으로 기록되었는가?

일찍이 4세기쯤부터 신약에서 히브리서 뒤에 나오는 일곱 개의 편지는 공동(보편)서신으로 알려졌다. 바울의 편지와는 달리 이 서신들은 한 교회가 아닌 보편적 교회를 위해 기록된 듯 보이기 때문이다. 그러나 각각의 편지는 특정 교회만을 위해서는 아니더라도 최소한 특정 지역의 사람을 염두에 두고 작성되었을 것이다.

일반적으로 "흩어져 있는 열두 지파에게" 보내졌지만(1:1), 야고보서는 팔레스타인 북부와 동부에 있는 제한된 숫자의 유대인 그리스도인을 염두에 두고 작성된 듯하다(참고. 1:25; 2:2, 8-13; 아마도 행 11:19). 야고보는 흩어져 있는 하나님의 언약 백성에게 위로와 권면의 편지를 보낸다. 그러나 야고보서에서 특정한 지역적 문제나 사람을 언급하지 않는 점으로 보아, 여전히 '공동' 또는 '보편적'이라는 범주와 잘 맞는다.

야고보서의 장르는 무엇인가?

야고보서의 도입부는 전형적인 편지 형식이지만, 편지의 마무리 형식(예. 여행 계획, 기도 요청, 맺는 인사)은 전형적이지 않다. 이는 야고보서가 흩어진 야고보의 교인들이 정착한 여러 지역 공동체를 대상으로 한 좀더 격식을 갖춘 편지임을 시사한다. 구체적으로 말하면, 야고보서는 단편 혹은 연속적인 설교였을 것이다.

1. 목회적 권고가 편지 전반에 나온다. 신약성경 중 명령이 가장 자주 나온다.
2. 구조는 느슨해서 한 주제에서 다른 주제로 신속히 넘어가고, 몇 절 만에 다른 주제로 바뀔 때도 많다.
3. 은유와 비유적 표현(예. 바람에 밀려 요동하는 바다 물결, 시든 꽃, 혀의 불)을 광범위하고 효과적으로 사용한다.

야고보서는 믿음에 대한 우리의 이해에 어떻게 기여하는가?

1. 믿음과 행위. 야고보서의 첫 번째 공헌은, 그리스도인의 참된 믿음은 행함으로 드러나야 한다는 주장이다. 야고보는 이 세상과 다음 세상에서 좋은 것들만 찾으며 미지근하고 타협하는 신앙에 만족하는 그리스도인의 보편적 경향에 단호히 반대한다. 이는 두 마음을 품는 죄이기에(1:8; 4:8), 그리스도인은 이로부터 돌이켜야 한다.
2. 칭의와 행위. 칭의에서 행함의 역할을 강조하는 야고보의 주장(2:14-26)은, 칭의는 믿음으로 받는다는 바울의 주장(예. 롬 3:28)과 충돌하는 것 같다. 그러나 적어도 두 가지 다른 방법으로 이 둘의 견해를 조화시킬 수 있다.

1) 야고보는 '의롭게 하다'라는 단어를 "사람들 앞에서 정당함을 입증하다"라는 의미로 사용한다(예. 눅 7:29). 바울은 의로움의 **선언**을 말하지만, 야고보는 의로움의 **증명**을 말한다.

2) 야고보는 이를 또한 "최후의 심판에서 정당함을 입증하다"라

는 의미로도 사용한다(예. 마 12:37). 바울과 야고보 모두 하나님 앞에서 죄인의 의로움을 언급한다. 그러나 바울이 그런 신분을 처음으로 부여받는 단계에 초점을 두는 반면, 야고보는 심판 때에 하나님 앞에서 그런 신분이 정당성을 입증받는 방식을 강조한다. 의롭다 함을 받는 것은 '처음부터 끝까지' 믿음으로 말미암지만(롬 1:17), 참된 성경적 믿음은 역사하는 힘이 커서(약 5:16) 참된 신자는 마지막 날에 입증에 필요한 행위를 갖출 것이다.

이러한 신학적 조화는 반드시 필요하지만, 그렇다고 바울이나 야고보의 중요한 신학적 공헌을 무시해서는 안 된다. 바울과 야고보는 등을 맞대고 서로 다른 상대와 싸우고 있는 것이다. 바울은 사람의 행위에 구원의 근거를 두려는 시도(율법주의)와, 야고보는 행위를 그리스도인에게 불필요한 것으로 여기며 버리려는 태도와 싸운다.

복습과 토의를 위한 질문

1. 야고보서는 전형적인 편지와 어떻게 다른가?
2. 시련과 말에 대해 야고보가 언급한 것을 요약하라.
3. 야고보서 2:14-26과(믿음과 행위를 통한 칭의) 바울의 믿음으로만 의롭다 함을 받는다는 주장을 어떻게 조화시키겠는가?

더 깊은 연구를 위한 자료

중급 George H. Guthrie, "James," pp. 197-273 in *Hebrews-Revelation*. EBC

13 (Grand Rapids: Zondervan, 2006).

고급 Douglas J. Moo, *The Letter of James*. PNTC (Grand Rapids: Eerdmans, 2000).

Richard Bauckham, *James* (London: Routledge, 1999).

21장
베드로전서

베드로전서의 내용은 무엇인가?

대체로 신학적인 주제를 먼저 전개한 후 적용을 하는 바울과 달리, 베드로는 교리와 적용을 뒤섞는다. 거의 모든 단락을 명령으로 시작한 다음, 신학을 통해 기초를 다진다.

1. 서두에서 그리스도인을 '택하심을 받은 자'라, 흩어진 나그네라 부른다(1:1-2).
2. 하나님의 백성에게는 특권과 의무가 있다(1:3-2장). 거듭남은 그들에게 견고한 소망과 유업, 곧 미래의 구원을 약속한다(1:3-9). 이 구원은 예언자들이 예언하고 천사들이 알고 싶어 했던 바로 그것이다(1:10-12). 그리스도인은 거듭남에 뿌리내리고 그리스도 안에서 구원하신 하나님의 역사에 고무된 거룩한 삶을 증시해야 한다(1:13-2:3). 그리스도를 '돌'에 비유한 것은 하나님의 아름다운 덕을 선포하도록 예정된 하나님의 백성이라는 그리스도인의 새로운 신분을

상기시킨다(2:4-10).

3. 그리스도인은 세상에서 거류민과 나그네로 살아야 한다(2:11-4:11). 그리스도인의 삶의 방식은 그들이 속한 적대적인 세상과 달라야 하지만 세상이 보기에 매력적이어야 한다(2:11-12). 이러한 삶의 방식의 한 측면으로 '인간의 모든 제도'에 순종하는 것을 들 수 있는데(2:13상), 구체적으로 모든 신자는 위정자에게(2:13하-17), 종은 주인에게(2:18-20), 아내는 남편에게(3:1-7) 순종해야 한다. 하나님의 능력과 선하심을 증거하기 위한(3:1) 그리스도의 모범은 그리스도인의 의무를 변화시킨다(2:21-25). 그리스도인은 서로 그리고 가능한 한 믿지 않는 사람과도 조화롭게 살아야 한다(3:8-12). 고난받는 독자는 적대 행위에 대항해 담대하게 증거하고 매력적인 행동으로 반응해야 한다(3:13-17). 베드로는 그리스도를 악한 권세를 이기신 승리자로 높이기 위해 구약과 유대 전통들(창 6장; 에녹1서)을 사용한다(3:18-22). 그리스도인의 삶의 방식은 세상과 달라야 하고(4:1-6), 종말이 가깝다는 사실에 기반을 두어야 한다(4:7-11).

4. 그리스도인은 고난에 올바르게 반응해야 한다(4:12-19). 장로는 바른 동기로 하나님의 양 무리를 목양하고, '젊은 자'는 장로에게 순종해야 한다(5:1-5상). 그리스도인은 적대자 앞에서 겸손하지만 담대해야 한다(5:5하-11).

5. 베드로는 마지막 인사로 편지를 마친다(5:12-14).

베드로전서의 저자는 누구인가?

저자는 자신을 "예수 그리스도의 사도 베드로"라고 밝히고(1:1), 베드로후서에서 이 첫 번째 편지를 언급한다(벧후 3:1). 초대교회에서는 이 편지의 저자가 베드로라고 강력하게 주장했지만, 현대의 많은 학자는 베드로 저작설을 거부한다. 가장 유력한 논거는, 정규 교육을 받지 못한 갈릴리 어부가 기록했다고 보기에는 편지에 쓰인 헬라어가 너무 유창하고 수준 높다는 것이다. 하지만 교육을 잘 받은 대필자를 고용했을 수도 있고, 베드로 자신이 편지를 작성했다고 보는 것도 불가능하지만은 않다. 베드로가 이 편지를 작성했다는 주장이 가명 저작설보다 문제가 훨씬 적다.

베드로전서는 어디에서 기록되었는가?

베드로는 '바벨론에 있는 교회'의 안부를 전하면서(5:13), 어디에서 이 편지를 쓰는지 시사한다. 대부분의 현대 학자는 '바벨론'을 세속 권력의 상징으로 본다. 이는 구약의 이스라엘과 관련된 바벨론의 역할에서 끌어낸 것이다. 요한계시록에서의 바벨론 언급과 같은 선상에서, 베드로는 당대 세속적 영향력의 중심인 로마를 지칭한다. 즉 '바벨론에 있는 교회'란 로마에 있는 교회(문법상 여성형인 헬라어)를 일컫는다.

베드로전서는 언제 기록되었는가?

주후 62-63년에 기록된 것이 거의 확실하다. 63년 이후는 가능성이 없는

데, 그랬다면 베드로가 순교하기 전에 두 번째 편지를 기록할 시간이 없어지기 때문이다.

베드로전서는 누구를 대상으로 기록되었는가?

베드로가 염두에 둔 독자는 전적으로는 아니지만 주로 이방인이다(1:18; 2:10; 4:3). 이 그리스도인들은 오늘날의 터키 지역인 소아시아의 다섯 로마 속주에 살았다(1:1). '[너희에게] 복음을 전[한] 자들'이라는 베드로의 언급(1:12)은 베드로가 수신자들을 직접 전도하지는 않았음을 나타낸다.

베드로전서는 왜 기록되었는가?

베드로는 믿음으로 인해 박해받는 그리스도인들을 위로한다(1:6; 3:13-17; 4:12-19). 그리스도인들이 로마 제국의 공식적인 통치 구조를 둘러싼 유사 종교적 관습에 참여하기를 거절했고, 당시 횡행하던 비도덕적인 행위와 단호히 거리를 두었으며, 성찬을 위해 자기들끼리 굉장히 자주 모였기 때문에, 로마는 그리스도인을 의심과 적의로 대했다. 베드로전서의 독자는 분명 비난과 조롱과 차별을 당하고 심지어 날조된 혐의로 법정에 섰을 것이다. 베드로는 하나님께 영광을 돌리는 수단으로 '핍박 속에서의 경건'을 말하며, 적대적이지만 그들을 주목하고 있는 세상을 향해 증거하라고 권면한다.

베드로전서는 믿음에 대한 우리의 이해에 어떻게 기여하는가?

1. 구약 사용. 베드로전서는 신약에서 히브리서와 요한계시록 다음으로 구약에 많이 의존한다. 구약을 여덟 번 직접 인용하고, 그보다 훨씬 많이 암시하며, 구약의 개념과 단어들을 편지 전반에 걸쳐 사용한다.
2. 소망. 베드로는 고난받는 그리스도인에게 소망, 곧 미래의 영광에 대한 확신에 찬 기대를 강조하며 그들을 위로한다(예. 1:3-12).
3. 하나님의 백성. 베드로는 구약의 이스라엘에 관한 표현을 반복적으로 적용함으로써, 고난받는 그리스도인에게 하나님의 백성이라는 정체성을 상기시키며 그들을 위로한다. 예를 들면, '유업'(1:4), '하나님의 집'(4:17), 새 성전, '신령한 집'(2:5), 하나님의 아름다운 덕을 선포하게 하려 부름받은 "택하신 족속, 왕 같은 제사장, 거룩한 나라"(2:9) 등이 그렇다. 베드로전서의 독자가 주로 이방인임을 감안하면, 이러한 표현은 매우 놀랍다(그러나 베드로가 이스라엘의 특권과 칭호가 교회에 '양도되었음'을 의미했다고 간주하지 않도록 조심해야 한다).
4. 그리스도. 베드로는 고난받는 그리스도인의 소망과 정체성의 근거를 죽으시고, 부활하시고, 승천하시고, 다시 오실 그리스도에 둠으로써 그들을 위로한다.

   1) 신자가 현재 누리고 있고 누리게 될 것이라 소망하는 복은 그리스도의 죽음과 부활에 근거한다(1:3, 18-21; 2:24-25; 3:18; 4:1).

   2) 예수님이 승천하실 때 선포된 악한 영적 존재들에 대한 예수님의 승리는 그리스도인이 그들의 권세를 두려워할 필요가 없음을 의

미한다(3:14, 19-22).

3) 예수님은 영광 중에 다시 오셔서 하나님의 백성의 구원과 복락의 시대를 여실 것이다(1:7, 13; 5:4).

4) 예수님이 행하신 일은 그리스도인이 현재와 미래에 하나님의 은혜를 경험할 근거를 제공하는 동시에 그리스도인이 따라야 할 모범이기도 하다. 예수님이 고난받으시고 영광에 들어가신 것처럼(1:11), 그분께 속한 자들도 그러해야 한다(4:13; 참고. 5:1). 고난당하는 그리스도인은, 박해자들을 비난하지 않고 자신을 하나님께 의탁하신 구주를 본받아야 한다(2:21-23).

복습과 토의를 위한 질문

1. 베드로는 왜 이 편지를 썼는가?
2. 베드로전서는 박해당하는 그리스도인을 어떻게 위로하는가?

더 깊은 연구를 위한 자료

초급 Edmund Clowney, *The Message of 1 Peter*. BST (Downers Grove: InterVarsity Press, 1988). 「BST 베드로전서」(IVP).

중급 I. Howard Marshall, *1 Peter*. IVPNTC (Downers Grove: InterVarsity Press, 1991).

Thomas R. Schreiner, *1, 2 Peter, Jude*. NAC 37 (Nashville: Broadman & Holman, 2003).

Wayne A. Grudem, *The First Epistle of Peter*. TNTC (Grand Rapids: Eerdmans, 1988). 「틴데일 신약주석 베드로전서」(CLC).

22장
베드로후서

베드로후서의 내용은 무엇인가?

1. 베드로는 독자를 신학적으로 묘사하는 인사로 편지를 시작하고(1:1-2), 하나님의 선물과 약속에 근거해 그들을 격려한다(1:3-11). 임종을 앞둔 사람처럼 편지를 쓰면서, 독자들이 반드시 받아들여야 할 진리를 마지막으로 상기시킨다(1:12-15).
2. 그리스도인은 예수님이 다시 오심을 절대적으로 확신할 수 있다. 예수님이 변모하실 때 베드로와 다른 사도들이 예수님의 미래의 영광을 보았고, 예언자들(성령께서 그들을 통해 말씀하시기 때문에 전적으로 신뢰할 만하다)도 동일하게 이 진리를 확증한다(1:16-21).
3. 베드로는 거짓 교사들을 고발한다(2:1-22). 먼저 그들에 대해 언급한 다음 그들을 묘사하고(2:1-3상), 구약의 예를 들어 거짓 교사들을 정죄함으로써 그들의 궁극적 운명에 대해 독자가 다시금 확신하도록 한다(2:3하-10상). 거짓 교사들을 교만하고 육욕을 따를 뿐

아니라 탐욕스러운 자들이라고 묘사한 다음(2:10하-16), 다시 한 번 그들의 실상을 기술하고 정죄한다(2:17-22).
4. 베드로는 주님의 재림과 심판 날에 대해 분명히 예언한 예언자들과 주님의 가르침을 '기억하라'고 권면한다(3:1-13). 거짓 교사들은 하나님이 전에 창조와 홍수가 있기 전에 직접 개입하셨음을 고의로 잊어버린 것처럼 앞으로 임할 개입을 부인한다.
5. 베드로는 마지막 권고와 송영으로 편지를 끝맺는다(3:14-18). 베드로는 은혜 및 지식과 관련지어 편지의 틀을 잡는다(1:2; 3:18상).

베드로후서의 저자는 누구인가?

편지 서두에서 "예수 그리스도의 종이며 사도인 시몬 베드로"가 저자임을 밝히며(1:1), 개인적 회상을 통해 이를 강화한다(1:13-16). 그러나 신약의 어떤 책보다 베드로후서는 명명된 사람이 저자가 아닐 수 있다는 합의가 학자들 사이에서 가장 큰 책이다. 편지의 주장을 받아들이든 성경에 포함될 수 없는 위작으로 여기든, 선택은 우리에게 달려 있다.

그러나 베드로의 저작을 부인하는 주장은 결정적이지 않다. 따라서 우리는 베드로가 이 책을 썼다고 결론짓는다.

베드로후서는 언제, 어디에서 기록되었는가?

믿을 만한 초기 전승의 기록대로 베드로의 순교가 네로가 로마에 있는 그리스도인을 박해하던 기간에 일어났음을 고려하면, 베드로는 베드로후서를 65년 직전에 기록했을 것이다. 거의 확실히 로마에서 편지를 작성했을 베드로는 자신의 죽음에 대한 주님의 예언이 이루어질 때가 다가왔음을 느끼고 있었다(참고. 1:13-14; 요 21:18-19). 그가 언급하는 거짓 교사들이 누구인지 알아낸다면 저작 시기와 상황이 좀더 정확히 밝혀지겠지만, 베드로는 거짓 가르침이 무엇인지 서술하기보다 이를 정죄하는 데 더 관심이 있었다. 그들에 대한 충분한 자료는 따로 없다.

베드로후서는 누구를 대상으로 기록되었는가?

베드로는 "우리 하나님과 구주 예수 그리스도의 의를 힘입어 동일하게 보배로운 믿음을 우리와 함께 받은 자들에게" 편지를 보낸다(1:1). 세부 사항이 부족해, 과거에는 베드로후서를 세계 교회를 위해 작성한 '보편' 또는 '공동' 서신으로 간주했다. 그러나 독자가 특정한 거짓 가르침의 위협을 받고 있었고, 적어도 바울의 편지 두 개를 받았거나 알고 있는 것을 볼 때(3:15), 분명한 대상이 있었던 것 같다. '둘째 편지'(3:1)라는 말을 통해 베드로전서가 넌지시 언급되고 있음을 추측할 수 있는데, 이는 독자가 주로 이방인이었을 것임을 뜻한다. 베드로는 그들의 필요를 채우기 위해 자신의 독자에게 친숙했을 신학적인 용어들을 사용함으로써 복음을 상황화한다.

베드로후서는 왜 기록되었는가?

독자가 그들의 믿음의 성장을 막는 거짓 가르침의 위협에 놓여 있었기 때문에, 그들이 그리스도 안에 있는 하나님의 은혜를 깨닫고 실천하는 데 성숙하도록 권면하는 것이 베드로의 목적이었다(3:18). 이런 이유로 거짓 교사들에 관한 부정적 묘사와 경고가 편지에 두드러진다.

유다서와 베드로후서는 서로 영향을 주고받았는가?

유다서와 베드로후서는 매우 유사한 단어들을 사용해 거짓 교사들을 공격한다(참고. 유 4, 6-9, 12, 18절; 벧후 2:1, 3-4, 6, 10-11, 13, 17; 3:3). 순서가 비슷하고, 많은 단어와 표현들이 성경의 다른 곳에서는 사용되지 않은 것으로 보아, 두 편지 사이에 어떤 연관성이 있는 것 같다. 베드로가 유다서를 인용했거나 유다가 베드로후서를 인용했을 수도 있으나, 누가 누구를 차용했는지는 알 수 없다.

베드로후서는 믿음에 대한 우리의 이해에 어떻게 기여하는가?

1. 오류의 심각성. 신학적 오류와 도덕적 오류는 밀접하게 관련되어 있다. 베드로는 이들을 심각한 문제로 정죄한다(2:4, 9, 12-13, 17, 20-21).
2. 주의 날. 이 세상은 불로 심판받아 멸망할 것이며(참고. 사 30:30; 66:15-16; 나 1:6; 습 1:18; 3:8) '새 하늘과 새 땅'으로 변화될 것이다(벧후 3:7-13).
3. 기억. 그리스도인은 이미 받은 가르침을 단지 지식이 아닌 실천함으로 기억해야 한다(1:12-15; 3:1, 5, 8).

복습과 토의를 위한 질문

1. 베드로는 왜 이 편지를 썼는가?
2. 잘못된 신학과 도덕 사이에 어떤 관계가 있는지 설명해 보라.

더 깊은 연구를 위한 자료

초급 Douglas J. Moo, *2 Peter and Jude*. NIVAC (Grand Rapids: Zondervan, 1996).

중급 J. Daryl Charles, "2 Peter" and "Jude." pp. 357-411, 539-569 in *Hebrews–Revelation*. EBC 13 (Grand Rapids: Zondervan).

Thomas R. Schreiner, *1, 2 Peter, Jude*. NAC 37 (Nashville: Broadman & Holman, 2003).

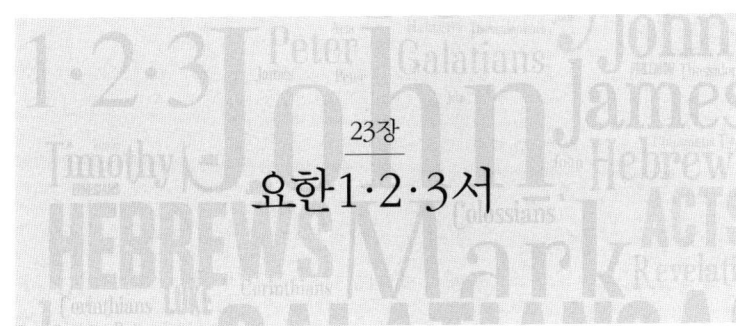

23장
요한1·2·3서

요한1·2·3서의 내용은 무엇인가?

요한1서

요한1서는 한 회중 혹은 여러 회중에 보낸 목회 서신이다. 요한1서의 구조에 관해서는 논란이 많은데, 주로 요한이 같은 주제를 약간 다른 각도에서 반복하기 때문이다. 그는 참된 신자는 예수 그리스도께서 육체로 오셨음을 믿어야 하며, 이 **믿음**은 **의**와 **사랑** 안에서 나타나야 한다는 세 가지 시험을 제시한다.

1. 서언(1:1-4)
2. 하나님과의 교제는 빛 가운데 걷는 것이다(1:5-2:17).
3. 요한은 편지를 받는 교회 혹은 교회들의 현재 상황을 직접적으로 다룬다(2:18-3:24).
4. 어떤 시험을 통해 하나님께 속한 사람과 '세상'에 속한 사람을 구분할 수 있다(4:1-5:12).

5. 결론(5:13-21).

요한2서

1. 도입부(1-3절)
2. 중심 단락(4-11절)은 순회 전도자들로 인한 위험을 경고하는데, 그들 중에는 "그리스도께서 육체로 오심을 부인하는" '미혹하는 자'가 있다. 그러나 여기에서조차 요한은 참된 신자는 진리뿐 아니라 서로를 향한 투명한 사랑 안에서 걸어야 함을 강조한다.
3. 결론(12-13절)

요한3서

1. 도입부(1-4절)
2. 본문(5-12절). 요한은 교회를 향해 순회 전도자들을 도울 것을 권하고, 교회 안의 두 사람을 비교한다. 디오드레베는 '으뜸 되기를 좋아할' 뿐 아니라 너무 드세서, 요한이 보낸 사람들을 맞아들이지 않고 온건한 노선을 취하는 사람들을 교회에서 내쫓는다. 요한은 가이오에게 데메드리오의 온전함과 한결같은 선한 행실을 본받으라고 권면하고, 자신이 디오드레베의 정체를 폭로하기 위해 방문할 것이라고 알린다.
3. 결론(13-14절)

요한1·2·3서의 저자는 누구인가?

1세기 말에서 2세기 전반의 저작들이 요한1·2·3서의 내용을 언급하고, 어떤 자료는 저자를 사도 요한이라 특별히 지목한다. 이 편지들의 저자로 세베대의 아들인 사도 요한 외의 사람이 언급된 적은 없다. 더구나 편지의 주제와 어휘, 단어와 구의 배열 등이 요한복음과 매우 유사함은 이 편지의 저자가 요한임을 시사한다(다음에 나올 '요한의 서신들은 그의 복음서와 어떻게 비교되는가?'를 보라).

요한은 자신을 '장로'라 칭함으로써(요이 1절; 요삼 1절) 자신의 목회적 역할(참고. 벧전 5:1)이나 나이(참고. 몬 9절), 혹은 두 가지 모두를 강조했을 것이다. 그는 사도 중 **한** 사람이었고 **유일한** 사도는 아니었지만(참고. 롬 1:1; 벧전 1:1) 에베소 지역에서는 **유일한** 장로였을 것인데, 그저 평범한 장로가 아니었을 것이기 때문이다. 저자는 동료 사도들과 같은 목격자로서(요일 1:1, 3; 4:14; 5:6-7) 그리고 회중에 대해 권위를 지닌 자로서(요이, 요삼) 편지를 작성한다.

요한1·2·3서는 어디에서 기록되었는가?

기록 장소는 에베소가 거의 확실하다. 증거에 따르면 요한은 유대 전쟁 시(66-70년) 에베소로 이주해 살다가 그곳에서 죽었다.

요한1·2·3서는 언제 기록되었는가?

요한복음은 80-85년에(6장을 보라), 요한의 서신들은 90년대 초에 기록되었을 것으로 조심스럽게 추측한다. 서신에서 1세기 말에 발생하기 시작한 원시 영지주의를 반박하는 것으로 보아('기록 목적' 부분을 보라), 요한은 복음서를 쓴 이후에 서신들을 작성했을 것이다.

요한1·2·3서는 누구를 대상으로 기록되었는가?

요한1서에는 수신자가 언급되어 있지 않고, 1세기 편지를 특징짓는 특별한 문안 인사나 형식적인 필치는 없다. 요한1서는 한 교회나 여러 교회를 위해 작성되었던 것 같다.

요한2서는 '택하심을 받은 부녀와 그의 자녀들에게' 보내졌다. 이는 실제 여자나 그 가족들이 아니라 지역의 한 교회나 여러 교회를 지칭하는 것이 거의 확실하다.

요한3서는 가이오라는 개인에게 보내졌는데, 가이오는 로마 제국에서 매우 흔한 이름이었다.

세 편지의 수신자들은 요한계시록 2-3장의 일곱 교회를 포함하는 에베소 주변 지역에 살았을 것이다.

요한의 서신들은 왜 기록되었는가?

요한은 교회에 퍼지고 있는 거짓 가르침에 대처하고자 편지들을 작성했다(요일 2:26-27). 그리스도인임을 자처하는 어떤 신자들은 이미 떠나 버렸고(요일 2:18-19), 요한은 독자에게 그들을 속이고자 적극적으로 활동하는 거짓 교사들에 대해 경고한다(2:26). 요한은 그 적대자들을 '거짓 선지자'(요일 4:1), '미혹하는 자'(요이 7절), '적그리스도'(요일 2:18; 4:3; 요이 7절)라고 칭한다. 그는 (1) 신자들과 그저 그리스도인이라고 허위 주장하는 사람들의 차이점을 설명하고, (2) 신자들이 열악하고 영적으로 위협적인 상황에 처했을 때, 하나님 앞에서 그들의 확신과 믿음의 기초를 제공함으로써(요일 5:13) 믿는 사람들을 안심시킨다.

거짓 교사들은 인간이신 예수님이 육신을 입고 오신(요일 4:2; 요이 7절) 그리스도이심(요일 2:22-23; 요이 9절; 참고. 요일 4:15)과 그들이 어떤 식으로든 죄에 종속되어 있음(요일 1:6-10)을 부인했다. 이런 거짓 가르침은 유대교와 기독교, 그리고 물질은 악하고 (물질이 아닌) 영은 선하다고 본 이교 변종 등이 다양하게 혼합된 초기 형태의 영지주의에 근거했을 것이다. 이 이단에 의하면, 사람은 지식(*gnosis*)을 얻음으로써 자신의 (악한) 육체로부터 구원받을 수 있다. 그리스도는 온전히 인간이 아니었다. 그랬다면 악한 물질인 몸을 소유했을 것이기 때문이다. 바로 이 때문에 요한은 예수님이 육체를 입고 오신 그리스도이심을 강조한다.

그러나 완전히 발달한 영지주의는 신약성경이 기록된 후에 만개했음이 거의 확실하다. 이 운동은 요한이 편지를 쓸 당시 힘을 얻고 있는 듯했고, 그래서 요한은 초기의 맹아적 원시 영지주의(다음 두 가지 중 하나)를 논박한다.

1. 가현설. 이 영지주의의 분파는 그리스도가 영적인 존재(정의상 당연히 선함)이기 때문에, 실제로 육체(정의상 당연히 악함)가 **되실** 수 없

다고 주장했다. 예수님은 단지 사람인 것처럼 **보이셨을 뿐이다.**
2. 케린투스주의. 이 영지주의의 분파는 예수님과 그리스도를 구분한 케린투스라는 이단의 이름을 따라 명명되었다. 예수님은 그저 평범한 사람이셨고, 그리스도는 최고의 신으로부터 나오는 영적 능력(divine aeon)이었는데, 예수님이 세례받을 때 임했다가 십자가에서 홀로 고통당하게 하고 떠났다.

어느 것도 정확히 들어맞지는 않지만, 이 견해들이 요한의 서신들에 나타난 거짓 가르침이었던 것 같다.

요한2서의 구체적인 목적은 주로 이런 거짓 가르침을 전하는 순회 교사들을 받아들이지 말라고 회중이나 가정 교회를 경계하려는 데 있다. 요한3서는 지역의 모든 권세를 독차지하려 했던 어떤 인물을 경계하는 데 목적이 있었던 것 같다. 그렇다 해도 이 편지는 나머지 두 편지와 관련된 일을 배경으로 기록되었기에, 디오드레베가 자신의 권위의 기반을 세우기 위해 이단을 이용했다고 추측할 수도 있다.

요한의 서신들은 그의 복음서와 어떻게 비교되는가?

서신들 사이에 차이가 있기는 하지만, 요한의 서신들과 복음서에 나타난 비전과 생각은 대립되지 않고 보완적이다. 빛과 어둠, 생명과 죽음, 진리와 거짓, 사랑과 미움 등 극명한 대조가 둘 안에 동일하게 퍼져 있다. 예를 들면, 요한1서와 요한복음은 구원을 유사하게 기술한다. 구원받지 않은 상태에 있다면, 우리는 '처음부터' 거짓말하고 살인한 '마귀'에게 속해 있는 것이다(요일 3:8; 요 8:44). 우리는 '세상'에 속했고(요일 2:16; 4:5;

요 8:23; 15:19), 따라서 '범죄'하고, 죄책 아래 있으며(요일 3:4; 1:8; 요 8:34; 9:41), '어둠에 행[하고]'(요일 1:6; 2:11; 요 8:12; 12:35), '사망'에 머물러 있다 (요일 3:14; 요 5:25). 하나님은 우리를 사랑하셔서 당신의 아들을 '세상의 구주'로 보내(요일 4:14; 요 4:42) '우리를 살리[시고]' '영생을 얻게' 하셨다 (요일 4:9; 요 3:15, 16, 36). 그분의 '이름'을 믿음으로(요일 5:13; 요 1:12) 우리는 '사망에서 옮겨 생명으로' 들어간다(요일 3:14; 요 5:24). 생명은 '그의 아들 안에' 있는 것이기 때문에(요일 5:11-12; 요 1:4) 우리에게는 하나님께 받은 '생명이 있[다]'(요일 5:12; 요 20:31). 이것이 '하나님에게서 나는' 것의 의미다(요일 2:29; 3:9; 4:7; 5:4, 18; 요 1:13).

요한의 서신들은 믿음에 대한 우리의 이해에 어떻게 기여하는가?

1. 타협할 수 없는 교리. 복음을 재정의하려는 모든 시도를 검증하는 것은 매우 중요하다. 기준은 하나님의 불변하고 타협할 수 없는 계시인 복음이다. 요한의 대적은 자신들이 기독교 사상의 선두 주자라고 생각했지만(요이 9절), 요한은 굽히지 않고 복음을 수호한다. 이런 입장은 교회가 들어야 할 가르침과 관계있다(요이). 요한3서의 배경에 이단이 있는지 여부와 관계없이, 실천적인 면에서 사도의 권고와 권위에 복종하지 않을 하찮은 종교 전문가의 자리는 교회 안에 없다.
2. 확신. 신약의 다른 책들은, 우리가 하나님 앞에서 담대할 수 있는 객관적 근거를 그리스도와 우리를 위한 그분의 죽음과 부활에 둠으로써, 그리스도인의 확신에는 참된 믿음이 따른다고 본다. 반면

에, 요한의 서신들은 참 믿음과 거짓 믿음을 구분한다. 참된 믿음의 사람이 하나님 앞에서 확신을 갖는 근거는 다음 두 가지다. (1) 믿음의 대상의 유효성―예수님은 육체로 오신 그리스도이심, (2) 믿음이 개인들에게 일으키는 변화―의와 사랑의 증가.

3. 1세기 후반의 교회. 요한의 서신들은 사도 시대 말에 신약 교회의 모습이 어떠했는지를 간략히 보여 준다. 요한은 하나님께 있는 동시에 아들이 중재한 영생(요일 1:2)과 아들의 속죄(2:1-2; 3:8; 4:10; 5:6), 성령(2:20-27; 3:24-4:6)을 강조한다. 이 서신들은 신약의 초기 저작들에 나타난 교회와 1세기 후반의 교회를 비교할 수 있게 해 주고, 마찬가지로 2세기와 3세기 교회로 뻗어 가는 궤적을 이어 간다.

복습과 토의를 위한 질문

1. 요한의 서신들에 나타난 세 가지 시험은 무엇인가?
2. 영지주의란 무엇이며, 이는 이 서신들과 어떤 관련이 있는가?
3. 요한1서는 그리스도인의 확신에 대해 무엇을 가르치는가?

더 깊은 연구를 위한 자료

초급 D. A. Carson, "The Johannine Letters," pp. 351-355 in T. Desmond Alexander and Brian S. Rosner (eds.), *New Dictionary of Biblical Theology* (Downers Grove: InterVarsity Press, 2000). 「IVP 성경신학사전」(IVP).

중급 John R. W. Stott, *The Letters of John*. 2nd ed. TNTC (Grand Rapids: Eerdmans, 1988). 「틴데일 신약주석 요한서신서」(CLC).

고급 Colin G. Kruse, *The Letters of John*. PNTC (Grand Rapids: Eerdmans, 2000).

24장
유다서

유다서의 내용은 무엇인가?

유다서의 내용은 간략하지만 충실하다.
1. 서언(1-2절)
2. 유다는 거짓 교사들이 교회에 침입했기 때문에 편지를 쓴다고 밝힌다(3-4절). 그래서 유다는 구약과 유대 문헌의 예를 들고 인용해 세 단계로 거짓 교사들을 드러내고 정죄한다(5-10, 11-13, 14-16절).
3. 사도들은 조롱하는 자들의 출현을 예언했다(17-19절). 독자는 하나님의 사랑 안에서 자신을 지켜야 하며(20-21절), 거짓 교사들에게 영향을 받은 사람들에게 다가가야 한다(22-23절).
4. 유다는 잘 알려진 송영으로 편지를 마무리한다(24-25절).

유다서의 저자는 누구인가?

저자는 "예수 그리스도의 종이요 야고보의 형제"다(1절). 이 야고보는 초대교회의 최고 지도자가 되고(행 15:13-21; 21:18; 갈 2:9을 보라) 신약의 야고보서를 기록한 사람이 거의 확실하다. 야고보 역시 '주의 형제'였기 때문에(갈 1:19; 막 6:3; 마 13:55; 요 7:5도 보라), 1절의 유다는 복음서에서 언급된 예수님의 형제 유다다(막 6:3; 마 13:55). 초대교회의 증인들은 이러한 결론을 확증해 준다. 이를 반대하는 주장은 빈약하다.

유다서는 언제, 어디에서 기록되었는가?

이 편지는 90년경 이후에는 기록될 수 없는데, 예수님의 동생이라 해도 현실적으로 그 이상 살았다고 보기 어렵기 때문이다. 유다서와 베드로후서는 유사한 거짓 가르침을 묘사하는데, 이는 두 편지가 비슷한 시기에 작성되었음을 시사한다. 베드로후서가 64-65년경에 기록되었으니, 유다서도 60년대 중반에 기록되었을 것이다. 기록 장소에 대해서는 확실한 것이 아무것도 없다. 유다가 평생 팔레스타인에 머물렀는지도 알 수 없다.

유다서는 누구를 대상으로, 왜 기록되었는가?

유다서는 전통적으로 일반 서신으로 분류되지만, 유다는 특정 교회나 여러 교회 집단을 위해 이 편지를 썼다. 이방 문화 가운데 놓였을 유대인 그리스도인이 독자였을 것이다.

유다는 독자들 사이에 '가만히 들어온' 거짓 교사들 때문에 편지를 썼다(4절). 유다는 성적 부도덕(4, 8절), 권위 경멸(8-10절), 이기심(12절), 자랑(16절) 같은 교사들의 악한 생활 방식을 정죄한다. 유다서와 베드로후서는 강조점이 조금 다르지만, 거짓 가르침의 동일한 일반적 '동향'을 다룬다. 유다의 묘사가 너무 모호해서 그들의 정체를 정확히 알 수는 없다.

유다서는 믿음에 대한 우리의 이해에 어떻게 기여하는가?

1. 거짓 가르침. 사람들이 부정적인 데 머물기를 좋아하지 않음에도 불구하고, (1) 거짓 교사들은 존재하고 (2) 그들의 가르침은 매력적이면서도 위험하며 (3) 반드시 정죄받을 것임을 아는 것은 중요하다. 유다는 거짓 교사들을 구약과 유대 전통에서 죄인과 반역자와 이단과 연계시킴으로 이를 분명히 한다. 모든 세대에서 진리와 윤리가 변질될 것을 우리는 예상해야 한다. 오늘날 교회가 처한 포스트모더니즘의 환경에서, 우리는 '관용'이라는 이름으로 이단을 수용하려는 유혹에 대해 부단히 경계해야 한다.
2. 정경. 몇몇 가능성 있는 암시 외에 유다는 성경에는 나오지 않는 두 가지 이야기를 언급한다. 하나는 9절에 나오는 모세의 몸에 대한 미가엘과 마귀의 다툼(모세승천기에서 옴)이고, 다른 하나는 14-15절에 나오는 에녹의 예언(구약 위경 유대 문헌인 에녹1서)이다. 이에 근거해 어떤 사람은 유다 당시에는 구약의 표준적인 책들(즉 구약 정경)이 아직 결정되지 않았다는 잘못된 결론을 내린다. 그러나 유다는 그 책들 중 어떤 것도 '말씀'으로 인용하지 않으며, 이를 소개하기

위해 전통적인 인용 형식을 사용하지도 않는다. 유다는 그 이야기들을 담은 책들에 관해 어떤 견해도 제시하지 않는다. 단지 그 이야기들을 독자들이 잘 알고 있었기 때문에 인용했을 가능성이 높다.

복습과 토의를 위한 질문

1. 유다서의 주제를 한 문장으로 적어 보라.
2. 거짓 교사들에 대한 유다의 경고를 지금 당신의 상황에 적용해 보라.

더 깊은 연구를 위한 자료

초급 Douglas J. Moo, *2 Peter and Jude*. NIVAC (Grand Rapids: Zondervan, 1996).

중급 J. Daryl Charles, "2 Peter" and "Jude." pp. 357-411, 539-569 in *Hebrews–Revelation*. EBC 13 (Grand Rapids: Zondervan, 2006).

Thomas R. Schreiner, *1, 2 Peter, Jude*. NAC 37 (Nashville: Broadman & Holman, 2003).

25장
요한계시록

요한계시록의 내용은 무엇인가?

요한계시록의 구조에 대해서는 논쟁이 뜨겁다. 구조가 책 전체의 이해에 근본적으로 영향을 주기 때문이다.

1. 서언(1:1-20). 요한은 도입부(1:1-3)와 문안 인사(1:4-8), 영화롭게 된 그리스도에 대한 환상(1:9-20)으로 시작한다.
2. 일곱 교회를 향한 메시지(2:1-3:22). 부활하신 그리스도는 요한에게 아시아의 로마 속주 일곱 도시에 있는 일곱 교회(에베소, 서머나, 버가모, 두아디라, 사데, 빌라델비아, 라오디게아)에 편지를 쓰라고 명령하신다.
3. 하늘의 환상(4:1-5:14). 하늘에서 요한은 보좌에 앉아 예배를 받으시는 주권자 하나님을 본다. 봉인된 두루마리가 하나님의 손에 들려 있고, "일찍이 죽임을 당한 것 같[은]" '어린 양'만이 일곱 인을 떼고 그 두루마리를 펼 수 있다. 이 장면은 앞으로 전개될 드라마

의 무대를 제공한다.

4. 일곱 인(6:1-8:5). 요한은 어린 양이 여섯 인을 뗄 때 본 것, 곧 정복과 살육과 기근과 사망과 공의를 위해 외치는 순교자들과 부르짖음과 자연 재해를 묘사한다(6:1-17). 그리고 나서 요한은 두 가지 환상, 즉 이스라엘의 지파 중에서 하나님이 인 치신 십사만사천 명(7:1-8)과 "큰 환난 가운데서 나오는" 셀 수 없는 무리(7:9-17)를 본다. 일곱 번째 인을 떼자 하늘이 고요해지고, 뒤이어 일곱 나팔 장면이 나타난다(8:1-5).

5. 일곱 나팔(8:6-11:19). 요한은 천사가 첫 여섯 나팔을 불 때 땅 위에서 일어나는 재앙들, 곧 우박과 불이 하늘에서 내림(8:7), 산이 바다에 던져짐(8:8-9), 하늘에서 큰 별이 떨어짐(8:10-11), 천체의 변화(8:12-13), 황충의 재앙(9:1-12), 엄청난 마병대의 공격(9:13-21)을 살핀다. 그 다음에는 두 가지 환상이 이어지는데, 한 천사가 요한에게 작은 두루마리를 먹으라 하고(10:1-11), 예언하는 두 증인이 죽임을 당한 후 다시 살아난다(11:1-14). 일곱 번째 나팔은 어떤 사건도 일으키지 않고 하나님의 승리와 심판을 찬양하는 노래가 시작된다(11:15-19).

6. 일곱 개의 중요한 이적(12:1-14:20). 요한은 다음의 일곱 환상, 곧 한 여인이 아들을 낳는 환상(12:1-6), 미가엘과 그의 사자들이 용(사탄)과 싸우고, 용은 하늘에서 쫓겨나 땅에서 그 여인 및 그 여인의 아들과 싸우는 환상(12:7-13:1상), 세상이 바다에서 나온 짐승에게 경배하는 환상(13:1하-10), 땅에서 올라온 짐승이 세상을 지배하는 환상(13:11-18), 14만 4천 명이 어린 양을 찬양하는 환상(14:1-5), 세

천사에 관한 환상(14:6-13), '인자와 같은 이'가 천사와 함께 땅의 곡식을 추수하는 환상(14:14-20)을 본다.

7. 일곱 대접(15:1-16:21). 요한은 "일곱 천사가 일곱 재앙을 가[진]" 것을 본다(15:1). 짐승을 이긴 사람들이 하나님을 찬양하는데, 천사들이 하나님의 진노를 가득히 담은 금 대접 일곱을 가지고 성전에서 나온다(15:2-8). 각 대접을 땅에 쏟자(16:1) 다음과 같은 재앙들이 이어진다. "짐승의 표를 받은 사람들과 그 우상에게 경배하는 자들에게" 고통스러운 종기가 난다(16:2). 바다가 피로 변하고(16:3), 강과 물 근원도 피로 변한다(16:4-7). 해에서 불 같은 열기가 나온다(16:8-9). 짐승의 권세가 무너진다(16:10-11). 유브라데 강이 말라 악한 영들이 아마겟돈에서 '전쟁'하기 위해 모인다(16:12-16). 그리고 절정에 이르러 땅의 재앙이 마쳤다('되었다', 16:17-21).

8. 전능하신 하나님의 승리(17:1-21:8). 이 환상들은 이 세상과 다가올 세상에서 하나님의 주권적 승리를 묘사하고 축하한다. 하나님은 악한 자들을 벌하시고 의로운 자들에게 보상하신다. 요한은 하나님의 백성을 불경하게 억압한 세력을 상징하는 바벨론의 악과 운명을 본다(17:1-18). 하나님이 바벨론을 정죄하시고 멸하시자, 그 성으로부터 유익을 얻던 자들이 슬퍼한다(18:1-19:5). 어린 양의 혼인 잔치에 초대받은 큰 무리가 하나님을 찬양한다(19:6-10). 백마를 탄 사람이 짐승들과 만국을 멸한다(19:11-21). 요한은 사탄이 결박되고 '첫째 부활'이 일어나는 '천 년'(또는 '천 년 왕국')을 묘사한다(20:1-6). 사탄은 마지막 반란을 이끌지만, 하나님은 그를 멸하시고(20:7-10), 크고 흰 보좌에서 죽은 자들을 심판하신다(20:11-15). 처음 땅

이 없어지고, 요한의 환상은 '새 하늘과 새 땅'으로 이동한다(21:1). 새 하늘과 새 땅에서 하나님은 백성과 거하시고(21:2-5), 의로운 사람들을 악한 자들과 구분하신다(21:6-8).

9. 새 예루살렘(21:9-22:9). 요한은 새 예루살렘의 이미지에서 "신부 곧 어린 양의 아내"를 보는데, 그 특징과 크기가 상세히 묘사된다(21:9-21). 그 성에는 하나님과 어린 양이 계시고 악함이 없기 때문에, 성전이나 해와 달이 필요하지 않다(21:22-22:5). 요한은 '속히 오[겠다]'는 예수님의 약속을 인용하며 자신의 예언을 절정으로 이끈다(22:6-9; 참고. 22:12, 20).

10. 결어(22:10-21). 요한이 본 메시지는 '신실하고 참되다.' 신실하고 참된 자에게는 '속히 오[실]' 예수님이 친히 가져오실 보상이 있을 것이다.

요한계시록의 저자는 누구인가?

요한계시록은 "나 요한은 너희 형제요 예수의 환난과 나라와 참음에 동참하는 자"에 의해 쓰였다고 주장한다(1:9; 또한 1:1, 4; 22:8). 요한은 자신에 대해 더 이상의 주장을 하지 않는데, 이는 그가 독자에게 잘 알려져 있음을 암시한다. 1세기 말의 소아시아에서 사도 요한보다 잘 알려진 요한은 없다. 사도 요한이 말년에 에베소에 살았다는 믿을 만한 초기 전승은 그가 요한계시록을 기록했다고 증언한다.

요한계시록의 문체가, 요한이 저자라고 여겨지는 요한복음이나 요한의 서신들과 무척 다르다고 주장하는 사람들이 몇 있다. 하지만 문학 장르가 다르면 문체도 달라질 수 있음을 알아야 한다. 나아가 실제로 요한계시록에 어느 정도 문체 차이가 있기는 하지만 요한의 다른 저작들과 문체상의 유사점 또한 많다.

요한계시록은 어디에서 기록되었는가?

요한은 밧모 섬에서 계시록을 기록했다. 밧모 섬은 너비 10킬로미터, 길이 16킬로미터의 험한 바위섬으로, 에베소에서 남서쪽으로 약 65킬로미터 떨어진 에게 해에 위치한다. 요한은 "하나님의 말씀과 예수를 증언하였음으로 말미암아" 그곳에 유배 중이었다(1:9).

요한계시록은 언제 기록되었는가?

요한계시록의 저작 연대에 관해서는, 네로 황제 통치(주후 54-68년) 직후나 도미티아누스 황제 통치(주후 81-96년) 말엽이라는 두 주장이 가장 가능성 있다. 가장 오래된 전승은 후자를 지지한다(특히 95-96년). 요한계시록에서 일반적으로 상정하는 상황들은 도미티아누스의 통치 기간에 일어났을 가능성이 더 높다.

1. 황제 숭배는 그리스도인에게 중요한 쟁점이었다(13:4, 15-16; 14:9-1; 16:2; 19:20; 20:4). 도미티아누스는 자신을 '주와 하나님'(참고. 4:11)이라 부르라고 명령했는데, 이 고백으로 충성을 시험하려 했음이 분명하다.
2. 일곱 교회에 보낸 편지들은 60년대보다 90년대에 더 잘 들어맞는다. 예를 들어, 라오디게아는 60-61년에 일어난 지진으로 파괴되

었는데, 요한계시록의 라오디게아 교회는 부유하게 묘사된다. 90년대로 저작 연대를 설정하면, 회복 기간이 충분하다. 게다가 서머나 교회는 60-64년까지는 존재하지도 않았던 것 같다.

요한계시록은 누구를 대상으로, 왜 기록되었는가?

요한은 자신이 본 환상을 아시아의 로마 속주에 있는 일곱 교회에 전한다. 요한은 그 지역에서 사역하는 동안 이 교회들을 알았을 것이며, 일곱 교회 모두 통신의 중심인 도시에 위치하고 있었다.

요한이 일곱 교회를 선택한 이유와 언급한 순서는 지리와 통신과 관련이 있을 것이다. 윌리엄 램지가 오래전에 지적한 대로, 그 교회들이 위치한 도시는 모두 통신의 중심지여서, 요한계시록을 전달한 사람은 밧모섬을 떠나 에베소에 도착해, 2급 도로를 따라 북쪽으로 서머나와 버가몬에 들렀다가, 로마 가도를 따라 동쪽으로 두아디라, 사데, 빌라델비아, 라오디게아로 갔을 것이다.[1]

요한계시록의 장르는 무엇인가?

요한계시록은 묵시(1:1)와 예언(1:3)과 편지(1:4) 등의 요소를 두루 갖추고

---

1. William Ramsay, *The Letters to the Seven Churches of Asia* (London: Hodder & Stoughton, 1904), pp. 171-196. 다음도 보라. Colin J. Hemer, *The Letters to the Seven Churches of Asia* (Grand Rapids: Eerdmans, 2000), pp. 14-15; Barry, J. Beitzel, *The Moody Atlas of Bible Lands* (Chicago: Moody, 1985), p. 185.

있어서 유사한 문학을 발견하기 어렵다. 따라서 요한계시록을 특정 장르로 규정할 수는 없다.

1. 묵시. 요한계시록은 순수한 묵시록이 아니다. 이 책은 가명 저작이 아니며, 미래 사건보다는 과거 예수님의 희생에 희망의 근거를 두기 때문이다. 일반적으로 묵시록의 특징은 다음과 같다.

   1) 박해에 대한 반응
   2) 천사나 다른 영적 존재에 의해 계시된 천상의 신비와 연관되었다는 주장
   3) 아담이나 모세 같은 유명한 인물을 저자로 내세우는 가명 저작
   4) 아주 가까운 미래에 일어날 하나님 나라의 도래라는 결말
   5) 역사를 개관하며 상징을 광범위하게 사용
   6) 현재의 죄악 된 세상과 다가올 세상을 극명하게 대조하는 이원론적 역사 인식('묵시적 종말론')

2. 예언. 예언과 묵시를 비교하며 다음과 같이 주장하는 사람도 있다. (1) 예언은 하나님의 구원이 새 세상의 침투가 아닌 현세의 과정을 통해 나타나길 고대하고 (2) 예언자들은 주님의 말씀을 직접 받아 전한다. 요한계시록은 예언과 묵시의 요소를 모두 갖추고 있으며, 둘 사이를 엄밀하게 구분할 수는 없다. 그러한 요소들은 구약의 몇 책들(예. 다니엘, 이사야, 스가랴)과 예수님의 감람산 강화에서도 동일하게 나타난다.

3. 편지. 요한계시록은 소아시아의 일곱 교회에 보낸 회람 서신이지만 (1:4-5, 9-11), 내용과 문체는 전형적 편지와 다르다.

요한계시록 해석에 있어 주요한 입장은 무엇인가?

요한계시록 해석은 대표적으로 다음의 네 가지 접근법으로 나뉜다.
1. 과거적 접근. 요한의 환상은 그의 시대에서 발아해 당대의 사건을 묘사한다. 그 사건들은 이제 **과거**다(그래서 '과거적 접근'으로 불린다). 환상에서 묘사되는 상징들은 모두 요한 시대의 세상에 속한 사람들과 나라들과 사건들을 가리키는 것이고, 요한의 목적은 독자에게 하나님이 그분의 영원한 나라로 구원해 주시길 기다리며 그리스도께 신실하게 남아 있으라고 권고하는 것이다.
2. 역사적 접근. 요한계시록은 그리스도 때부터 우리 시대까지의 역사를 개관한다. 이 해석은 중세 시대와 요한계시록의 짐승을 교황 제도와 동일시한 종교개혁자들에게 일반적이었다.
3. 이상적 접근. 요한계시록의 상징주의는 특정 사건들의 흐름이 아니라, 하나님의 성품과 하나님이 세상과 함께하는 방식들을 일반적으로 이해하는 데 도움을 준다.
4. 미래적 접근. 일관된 미래적 접근은 요한계시록 4-22장에 나오는 모든 것이 인류 역사의 마지막 날에 이루어질 것이라고 본다. 온건한 접근은 4-22장의 일부 사건(특히 초기 사건)이 이미 이루어졌거나 종말 전에 이루어질 것이라고 본다.

각각의 주장이 어느 정도 타당하지만, 미래적 접근이 요한계시록의 특성과 목적에 가장 근접하다. 요한은 묵시적 관점을 채택하고 변형하며 자신의 1세기 상황의 맥락에서 종말을 묘사한다.

요한계시록은 믿음에 대한 우리의 이해에 어떻게 기여하는가?

1. 구약 사용. 요한계시록은 신약의 다른 어떤 책보다 구약을 광범위하게 차용한다. 대부분 명시적 인용보다는 암시와 개념을 빌려 오는 형태로 이루어진다.
2. 하나님의 주권. 보좌에 앉아 찬양받으시는 하나님에 관한 환상은, 하나님만이 궁극적으로 헌신과 찬양을 받으실 분이라는 사실을 우리에게 상기시키며, 세상의 상황을 넘어 하늘과 땅의 주님을 바라보게 한다.
3. 그리스도의 탁월함. 요한계시록은 예수님을 하나님께만 적용할 수 있는 단어로 지속적으로 묘사한다. 요한계시록을 여는 환상이 성부 하나님이 아닌 예수 그리스도에 관한 것이고(1:12-20), 성부 하나님과 예수 그리스도 모두 '알파와 오메가'라고 칭해지는데(1:8; 22:13), 이는 특별한 의미를 지닌다. 주권자 하나님이 하나님 자신이신 아들을 통해 땅에서의 목적을 성취하신다.
4. 그리스도의 십자가. 요한계시록의 초점이 그리스도의 영광과 능력과 심판자로서의 역할에 있지만, 십자가를 결코 간과하지 않는다. 백마를 타고 오시는 능력 있는 분은 다름 아닌 죽임당한 어린 양이시다. 인류의 역사를 마무리하기 위해 그리스도께서 하시는 모든 일은 그분의 희생적 죽음에 뿌리를 둔다.
5. 역사의 끝

    1) 미래의 사건들. 성경의 모든 책 가운데 요한계시록은 종말의 사건들을 가장 자세히 묘사한다. 어떤 사람은 요한의 상징주의가 허

용하는 것보다 더 구체적인 것들을 찾아내려는 오류를 범하기도 하지만, 또 다른 극단에 치우쳐 요한이 비교적 분명하게 보여 주는 세부 사항을 무시해서도 안 된다.

2) 현재의 삶. 종말에 무슨 일이 일어날 것인가만을 생각하는 것은 근시안적이다. 종말은 과거와 현재를 형성하고 과거와 현재에 영향을 주기 때문이다. 역사가 어떻게 끝날지 아는 것은 현재의 삶을 종말에 어떻게 맞춰 살아야 하는지를 이해하는 데 도움이 된다. 신약은 심지어 현재에도 우리가 '말세'에 있음을 분명히 하며, 요한계시록은 악의 실재와 혹독함 그리고 왕성한 마귀의 세력을 상기시킨다. 교회와 세상 사이뿐 아니라 교회 안에도 갈등이 존재한다. 신자는 신실해야 한다.

3) 하나님의 심판. 하나님이 분노를 쏟아부으시고 죄의 책임을 물으실 심판의 날이 올 것이다. 모든 사람의 운명은 그들의 이름이 '어린 양의 생명책에 기록'되었는지에 달려 있다. 인내하며, 마귀와 마귀가 통치하는 세상에 결연히 맞선 사람에게 하나님이 보상해 주실 것이다. 요한의 환상들은 고난과 핍박을 받는 모든 시대의 신자에게 위로의 근원이 된다.

복습과 토의를 위한 질문

1. 요한계시록은 어떤 종류의 문학인가?
2. 요한계시록을 해석하는 데 가장 좋은 접근법은 무엇이라고 생각하는가?
3. 요한계시록은 그리스도를 어떻게 묘사하는가?

4. 역사의 끝에 어떤 일들이 일어나겠는가?
5. 종말에 대해 가르치는 주된 이유가 윤리적인 것, 즉 '미래를 생각했을 때 지금 우리는 어떻게 살아야 하는가?'라는 말에 대해 어떻게 생각하는가?

더 깊은 연구를 위한 자료

초급 Craig S. Keener, *Revelation*. NIVAC (Grand Rapids: Zondervan, 2000). 「NIV 적용주석 요한계시록」(솔로몬).

중급 Leon Morris, *The Book of Revelation*. TNTC (Grand Rapids: Eerdmans, 1987). 「틴데일 신약주석 요한계시록」(CLC).

고급 Robert H. Mounce, *The Book of Revelation*. NICNT (Grand Rapids: Eerdmans, 1998). 「뉴인터내셔널주석 요한계시록」(생명의말씀사).

결론

신약성경은 독특한 책이다. 일생 연구할 수는 있어도 다 알 수는 없는 책이다. 사실 그리스도인의 목표는 신약성경을 지배하는 것이 아니라, 성경의 지배를 받는 것이다. 신약을 공부하는 것은 그 자체가 목적이 아니라, 신약의 중심이신 주 예수를 알고 신약의 최종 저자이신 하나님과 화목하는 것이다. 성경을 읽고 설교와 강의를 통해 듣고 연구하고 암송하고 묵상할수록, 우리는 예수님 안에서 더욱 기쁨을 누릴 것이고, 우리의 마음은 그분을 더욱 경배하게 될 것이며, 우리의 창조자이자 구속자이신 그분께 기쁨으로 순종하고자 더욱 굳게 결심할 것이다. 1장에서 추천한 자료들은 연구를 심화하는 데 도움이 될 것이다. 18세기 성경학자 요한 알브레히트 벵겔(Johann Albrecht Bengel)의 유명한 말처럼 "당신을 말씀에 전적으로 적용시키고, 말씀을 당신에게 전적으로 적용하라."

옮긴이 **안세광**은 영남대학교 철학과와 나사렛대학교를 졸업하고 버지니아 리치몬드 유니온 신학대학원에서 신약학으로 신학 석사 및 박사 학위를 받았다. 워싱턴 뱁티스트 대학교 교수를 역임했으며, 현재 나사렛대학교 신학과 교수로 재직 중이다. 역서로는 「당신의 교회, 너무 안전하다」(요단), 「신약개론」(CLC, 공역) 등이 있다.

손에 잡히는 신약 개론

초판 발행_ 2015년 6월 1일
초판 9쇄_ 2024년 2월 5일

지은이_ D. A. 카슨 & 더글러스 무
옮긴이_ 안세광
펴낸이_ 정모세

펴낸곳_ 한국기독학생회출판부
등록번호_ 제2001-000198호(1978.6.1)
주소_ 04031 서울시 마포구 동교로 156-10
대표 전화_ (02)337-2257 팩스_ (02)337-2258
영업 전화_ (02)338-2282 팩스_ 080-915-1515
홈페이지_ http://www.ivp.co.kr 이메일_ ivp@ivp.co.kr
ISBN 978-89-328-1377-6
ISBN 978-89-328-1406-3(세트)

ⓒ 한국기독학생회출판부 2015

책값은 뒤표지에 있습니다.
무단 전재와 복제를 금합니다.